DIE
BÄREN
KÜCHE

DIE BÄREN KÜCHE

Das Beste von Josef & Josef Trippolt

Von Silvia Trippolt-Maderbacher & Josef Trippolt jun.
Fotografien von Ernst Peter Prokop

styria regional

CARINTHIA

ISBN 978-3-85378-670-3

© 2010 by Carinthia Verlag
in der Verlagsgruppe
Styria GmbH & Co KG
Wien · Graz · Klagenfurt
Alle Rechte vorbehalten

Umschlag- und Buchgestaltung: Sabine Lienhart · www.missa.at
Druck und Bindung: Druckerei Theiss GmbH · St. Stefan im Lavanttal

Inhaltsverzeichnis

8 Vorwort, von Silvia Trippolt-Maderbacher

12 Seppsepp, von Heinz Grötschnig

14 Zwei bärenstarke Typen

24 Nachgefragt bei Josef Trippolt senior

25 Nachgefragt bei Seppi Trippolt junior

27 Rezepte

27 *Kleines & Feines: warme und kalte Vorspeisen*
65 *Tradition, die von innen wärmt: Suppen*
79 *Bärige Pasta*
103 *Zwischengerichte*
115 *An der Angel: Fisch & Meeresfrüchte*
133 *Was Ordentliches zum Beißen: Fleischgerichte*
157 *Unser täglich Brot & Gebäck*
169 *Süßer Gusto: warme und kalte Desserts*

202 Menüvorschläge

204 Grundrezepte und Basics

210 Glossar

214 Rezeptverzeichnis

VORWORT

Dieses Kochbuch haben wir für all jene geschrieben, die gute Küche lieben. Es ist für Hobbyköche und Gourmets sowie für unsere Gäste und Freunde, die uns seit Jahrzehnten kulinarisch begleiten und die auch nicht müde wurden, nach diesem Kochbuch zu fragen.

Zugegeben, es hat ein wenig gedauert. Aber die Zeit reifte heran, genauso wie die Zusammenarbeit zwischen Josef und Seppi Trippolt. Seit fast zwei Jahrzehnten kochen Vater und Sohn gemeinsam an einem Herd. Das ist nicht nur in Kärnten, sondern auch in ganz Österreich eine Besonderheit. Zusammen haben sich die beiden Bad St. Leonharder im Restaurantführer Gault Millau drei Hauben sowie einen Stern im Guide Michelin erkocht. Im Jahre 2003 verlieh Gault Millau den begehrtesten Titel der österreichischen Kochszene an Josef und Seppi Trippolt - „Koch des Jahres".

Die Kärntner Spitzenköche präsentieren 88 Rezepte in diesem Buch. Die Auswahl ist nicht zufällig entstanden, sondern sie zeigt das Beste aus der Bären-Küche: Gerichte, die Josef und Seppi Trippolt schon ihr ganzes Leben lang begleiten. Es sind Klassiker, die sich etabliert haben oder ganz innovative Menüs, die in unserem Restaurant im Kärntner Lavanttal serviert werden, Speisen, an denen die 3-Hauben-Köche lange Zeit getüftelt haben, über die diskutiert, in den Medien berichtet und die immer wieder ausgezeichnet wurden.

Josef und Seppi Trippolt möchten nicht nur einen Einblick in ihre spannende Arbeit vermitteln, sondern vor allem das weitergeben, was ihnen selbst am Herzen liegt: die Leidenschaft zum Kochen, der unverfälschte Genuss und die Freude an der Kreativität, denn jahrzehntelange Erfahrung und solides Handwerk haben ihren Kochkünsten die Magie nicht genommen. Doch keine Angst – man muss nicht mit dem Kochlöffel in der Hand geboren sein, um die Rezepte umsetzen zu können. Was man auf jeden Fall braucht, ist Liebe, Zeit und das Verständnis für die hohe Qualität erstklassiger, frischer Zutaten.

Hier einige Tipps für die Benutzung unseres Kochbuches:

Lesen Sie die Rezepte gründlich durch. Kurz geschriebene Texte und Mengenangaben bedeuten nicht, dass es sich dabei um die leichtesten Rezepte handelt. Lassen Sie sich deshalb auch nicht von den längeren Beschreibungen abschrecken.

Bewahren Sie die Übersicht. Wer Schritt für Schritt arbeitet, kommt nicht in die Gefahr der Hektik. Das gilt vor allem für das Vorbereiten der Lebensmittel.

Lassen Sie weg, fügen Sie hinzu. Kreatives Kochen darf kein starrer Prozess sein, sondern muss sich entwickeln können, ganz nach Inspiration und Laune, denn ein wahres, gutes Gericht entsteht nicht nach mathematisch exakten Vorgaben, sondern aufgrund Ihres persönlichen Geschmackes, Ihrer Würzung und Ihrer Dosierung. Deshalb vertrauen Sie wie Josef und Seppi Trippolt immer Ihrem Geruchsinn und Ihrem Gespür für das Kochen.

Haben Sie Mut zur Improvisation. Sie haben gerade keine Ausstechform mit 5,5 cm Durchmesser zur Hand? Na dann kleben Sie einfach eine aus Karton zusammen. Sie müssen keine Hightech-Küche besitzen, um gut kochen zu können. Ganz ehrlich: Wir glauben sogar, dass die meisten Hobbyköche besser bestückt sind als wir. Aber auf eine elektronische Parmesan-Reibe & Co können wir gerne verzichten.

Werden Sie zum Foodhunter. Kochen beginnt beim Einkauf. Sie wissen, je besser die Grundzutaten, desto besser das Gericht, also Augen und Nase auf! Aus zweitklassigen Produkten entstehen nun mal nur zweitklassige Gerichte. Josef und Seppi Trippolt haben einen ungeheuren Spaß daran, Märkte zu durchstreifen und die Alpen-Adria-Region nach erlesenen Produkten zu durchkämmen. Hören Sie sich um. Mundpropaganda führt Sie zu den außergewöhnlichsten Adressen.

Nehmen Sie sich Zeit. Kochen ist keine Zeitverschwendung und auch kein Zeitvertreib, sondern bedeutet Meditation und ist stets ein Akt der Schöpfung. Sie schaffen etwas von Hand und geben dies an Menschen weiter, die Ihnen sehr am Herzen liegen wie Ihre Familie und Freunde. Und die haben es verdient, dass man sich Zeit für sie nimmt.

Finden Sie Ihren eigenen Geschmack. Der eigene Stil ist das Optimum, das man beim Kochen erreichen kann. Bevor Sie Ihre Technik perfektionieren, raten wir Ihnen, mit allen Sinnen zu spüren, zu riechen, zu schmecken und zu ertasten. Wer nach den Jahreszeiten lebt und kocht, lernt die Natur und ihre Gaben auf einem unverfälschten Weg kennen.

Benutzen Sie Ihre Gäste nicht als Versuchskaninchen. Neue kulinarische Experimente tragen bei Gastgebern nicht gerade zur Entspannung bei. Bereiten Sie deshalb lieber Gerichte zu, die Ihnen vertraut sind und die Ihnen leicht von der Hand gehen. So können Sie sich voll auf Ihre Gäste konzentrieren.

Genießen Sie die Köstlichkeiten aus der Bären-Küche! Wir wünschen Ihnen viel Vergnügen beim Gustieren des Kochbuches, gutes Gelingen bei der Umsetzung der Rezepte und viel Freude beim Bewirten Ihrer Gäste.

Silvia Trippolt-Maderbacher und die Bärenfamilie

SEPPSEPP

Eine kleine Vorgeschichte

Als ich Sepp Trippolt (damit meine ich den Senior, kein Freund sagt Josef zu ihm) kennenlernte, hatte er im Gault Millau 12,5 Punkte. Ich könnte auch schreiben, als ich ihn 1988 kennen lernte – aber mit dem Sepp messen wir die Zeit in Punkten und Hauben. „Erinnerst dich noch, wie wir die erste Haube bekommen haben," sagt er gern (es war 1989), oder „da haben wir grad die zweite kriegt" (1995), am liebsten aber natürlich „Weißt noch, die dritte Haube?" (2001).

Ich hab den Sepp ja auch kennengelernt, WEIL er 12,5 Punkte hatte (nicht, weil 1988 war). 12,5 sind nämlich die Haubenvorstufe, das war damals eher selten, schon gar hinter den Bergen im fernen Bad St. Leonhard. Wir planten also in der „Kleinen Zeitung" eine Geschichte über den Haubenanwärter – und beim Interview (das von einem feinen Mahl begleitet wurde), stellte sich heraus, dass dieser Bär, der mit seinem Bart auch so aussah und dessen Stimme herrlich bassbärig brummte, viel zu erzählen hatte: Gelernter Fleischhauer und als Koch ein Autodidakt. Einer, der 1980 in der Küche einspringen musste, weil im Gasthaus der Koch ausgefallen war.

„Die Leut' haben dann g'sagt, ja Sepp, bei dir schmeckt's ja viel besser als beim Koch," erzählte er seinerzeit schmunzelnd, „also hab ich auf den Koch verzichtet." Dass er nächtelang Kochbücher büffelte und Rezepte verschlang, flüsterte er eher so nebenbei.

Ja, das war eine Story, erst recht, als man ihm 1989 wirklich die ersehnte Haube aufsetzte. Neben seiner Gemütlichkeit und seinem vereinslebendigen Dasein als Sänger und Leonharder Faschingsmime (er eilte von der Küche auf die Bühne und flugs retour zu den Gästen) hatte den Sepp nämlich der Ehrgeiz gepackt, es in der Küche zu etwas zu bringen. Jedes Lob spornte ihn an, und Ehefrau Maria ergänzte mit Weinwissen. Ihr Standardspruch: „Kennst den schon? Musst unbedingt kosten!" An Ruhetagen grasten Josef & Maria (in dieser Kombi passt Josef einmal besser als Sepp) nämlich die Weinbauern ab, um zu den Kreationen des Bären die passenden Tropfen zu erschmecken.

Dass die Haubenstory im Ort nicht nur Anhänger fand, ist ein österreichisches Paradoxon: Während man in Italien seine besten Wirte feiert, wird hierzulande „Haube" mitunter als Synonym für teuer (miss)verstanden und Wirte, die für bessere Grundprodukte etwas mehr verlangen müssen, werden schief beäugt. (Bei Autos ist das seltsamerweise anders. Da akzeptiert jeder, dass ein Mercedes oder BMW mehr kostet als z. B. ein Dacia oder Skoda.)

Mittlerweile – der Jahre und Punkte werden es stetig mehr – ist längst der Seppi (das „i" steht für Junior, auch heute noch) auf den Plan getreten. Wie oft ist der Sepp des Nachts in seinen alten Mercedes gestiegen und Richtung Arlberg losgedüst, um den „Buam" zu besuchen, der dort im Hospiz (zwei Hauben) das lernte, was der Vater sich selbst zu erbüffeln versuchte. Wie stolz war der Sepp auf den Seppi, wenn er von den Leistungen des Buam erzählte.

Als der Junior dann als Partner in Vaters Küche Einzug hielt, durften wir frohgemut „SeppSepp" in den Medien formulieren – und uns bald über zwei Hauben freuen. Seppi war die ideale Ergänzung, da der autodidaktische, gesellige Vater, dort der junge, gut ausgebildete, ideenreiche Filius. Natürlich gab es, so sind Vater-Sohn-Beziehungen nun einmal, in der Küche so manchen „Knatsch". Sepp zeigte seinen Stolz ab sofort eher heimlich, und in der Küche gab es gottlob genügend scharfe Messer, um die dicke Luft zu zerschneiden.

Ich weiß nicht, wie oft sich Sepp-Sepp zusammengerauft haben – aber 2001 glänzten sie gemeinsam um die Wette: Drei Hauben! 2003 dann „Köche des Jahres". Und das Schöne ist: Man weiß gar nicht, wer den höheren Anteil an den Erfolgen hat. Der Vater, als Vererber der Kochgene? Der Sohn, weil er die Trippolt'sche Kochgenetik so verfeinert hat?

Egal, SeppSepp sind eine gegenseitige Ergänzung und ab sofort haben sie sich den Traum eines jeden Kochs erfüllt – ein Kochbuch. Natürlich ist es nicht irgendeines, sondern ein besonders ausgetüfteltes. Denn das eint das Vater-Sohn-Duo: Der kompromisslose Zug zur Qualität, das Streben nach noch besser Werden, nach noch mehr Verwöhnkultur. Und jetzt dürfen auch wir die Rezepte der beiden Bären zu Hause ausprobieren. Wie schön. Obwohl es noch viel schöner ist, sich von ihnen verwöhnen zu lassen.

Heinz Grötschnig

Heinz Grötschnig ist Chefredakteur des Alpe-Adria-Magazins, kulinarischer Journalist und Kolumnist (Kleine Zeitung, Kärntner Monat u.a.).

ZWEI BÄRENSTARKE TYPEN

Wenn der Vater mit dem Sohne, oder: Gegensätze ziehen sich an

Ein Herd, zwei Köpfe, vier Hände und tausend Ideen. Seit fast zwei Jahrzehnten kochen Vater und Sohn Josef und Seppi Trippolt gemeinsam Schulter an Schulter, Kochlöffel an Kochlöffel, in guten wie in schlechten Zeiten. „Wie ein altes Ehepaar", schmunzelt Josef Trippolt senior. Warum die Zusammenarbeit seit 1992 bestens klappt? „Einer muss immer nachgeben. Das war in den ersten zehn Jahren fast immer mein Vater", erzählt Seppi Trippolt junior und nickt mit dem Kopf. Der Einzige, der nach hitzigen Diskussionen zum Dampf ablassen einen Fußtritt vom Senior bekam, war der Ahornbaum im Hof. Der steht mittlerweile nicht mehr, aber das Miteinander in der Küche funktioniert prächtiger denn je. Seppi junior: „Wenn Vati allerdings hart blieb, bin ich auf Granit gestoßen."

Was sich nach wie vor positiv auf die Teamarbeit ausgewirkt hat, ist, dass jeder der beiden Spitzenköche seit Langem für seine eigenen Bereiche verantwortlich ist. Josef senior für Fleisch, Saucen und Fisch, Seppi junior für die Vorspeisen, Zwischengänge, Suppen, Desserts, Brot und Gebäck. „Als Seppi von seiner Lehrstelle im Arlberg Hospiz nach Hause kam, dachte ich eine Zeit lang, dass ich die ganze Arbeit allein mache", gibt sich Josef senior nachdenklich. „Dabei habe ich völlig übersehen, dass mein Sohn mir so nach und nach die meiste Arbeit abgenommen hat."

Seppi wollte sich entfalten und der Vater ließ ihn, obwohl gerade in den Anfangsjahren ein ziemlich rauer Wind in der Trippolt'schen Küche wehte. Josef senior: „Ich war sehr dominant, also von wegen ‚gemütlicher Bär'." Auch Seppi junior berichtet von massiven Fronten. „Für mich war es schwer, Privates und Berufliches zu trennen." Aber Kochen bedeutet für die beiden bis heute nun mal Teamarbeit. Schließlich hatten die Bären ein gemeinsames Ziel vor Augen: ein ständiges Aufwärtsstreben und dabei ja nicht den Fokus auf das Wesentliche zu verlieren. „Heute genügt ein Blick, dann weiß jeder, was zu tun ist." Verständigung ohne Worte. Die Grenze des anderen auszuloten ist heute kein Thema mehr. „Dass mich Vater

in jungen Jahren ertragen hat, beweisen seine Nerven aus Stahl. Dafür schätze ich ihn umso mehr", so Seppi junior.

Den Frieden und den Erfolg verdanken die Trippolts dem Umstand, dass jeder Koch seine eigene Küchenlinie kreierte und dieser auch treu blieb. Schon bald gab es deshalb im Restaurant ein Junior- und ein Senior-Menü zur Auswahl. Das Senior-Menü zeigte sich in seinem Stil klassisch und bodenständig, das Junior-Menü kreativ, ausgefallen und experimentierfreudig.

Die Spitzenköche entwickelten die Ideen für ihre Gerichte parallel, kochten aber sämtliche Speisen miteinander. Auf diese Weise konnte sich jeder Sepp austoben und seinen Speisen einen persönlichen Charakter verleihen. Die Gäste hatten sichtlich Spaß an der ungewöhnlichen Auswahl. Josef Trippolt senior: „Manchmal entschuldigte sich ein Gast bei mir, dass er mir untreu geworden ist und das Juniormenü gewählt hat."

Mit den Jahren konnten Gäste, Freunde, Kritiker und Journalisten den Unterschied zwischen den beiden Geschmäckern nicht mehr wahrnehmen, denn die einst so verschiedenen Küchenlinien waren längst zu einer harmonischen Einheit verschmolzen. Ein Grund mehr für die Redaktion des Gault Millau, Vater und Sohn gemeinsam den begehrten Titel „Koch des Jahres" im Jahre 2003 zu verleihen. Die Auswahlkriterien sind Kontinuität, Kreativität, handwerkliche Perfektion sowie Unverwechselbarkeit der Küche. Derzeit halten die Bären bei drei Hauben und einem Michelin-Stern. Das ist ihnen aber nicht so wichtig.

„Wir wollen nicht für Auszeichnungen kochen, wir wollen für unsere Gäste kochen," kommt es von den Trippolts unisono. Ihre Küche ist authentisch und raffiniert, ohne Effekthascherei, mit viel Liebe zum Detail.

Aber Kochen bedeutet nicht nur Kreativität, sondern auch kompromisslose Arbeit. Josef und Seppi Trippolt sind nicht nur Chefköche, sondern auch Souschef, Patissier, Tournant, Saucier, Entremetier, Gardemanger, Boucher, Bäcker und Kartoffelschäler in einem. Diese Tatsache wirkt irgendwie grotesk, arbeiten doch in so hoch ausgezeichneten Restaurantküchen manchmal zehn Köche und mehr. Die beiden Sepps werken immer zu zweit am Herd, mit dem Lehrling. Meistens stehen sie sich dabei gegenüber.

Was dem Sohn am Vater vor allem imponiert, ist die unglaubliche Arbeitsmoral des Senior-Bären. „Ich kenne niemanden, der härter und mehr gearbeitet hat." Dieses bedingungslose Tun, ohne einen Gedanken ins Leere, hat Seppi von seinem Vater übernommen. „Auf Vater ist immer Verlass. Egal, was er in der Küche angreift. Es wird immer passen." Dass der Senior auch noch den besten Geschmackssinn besitzt, den man sich als Koch nur wünschen kann, kommt als Draufgabe noch hinzu. „Den habe ich hoffentlich von ihm geerbt."

Auch der Vater streut seinem Sohn Rosen. „Seppi traut sich alles zu und überrascht mich jeden Tag. Ich denk mir oft: Herrschaftszeiten, das kann ja nicht sein, das habe ich ja noch nie gesehen. Für mich ist er der beste Koch und ein beinharter Arbeiter." Als Stärken seines Sohnes zählt Trippolt senior Ausdauer, Kreativität und das Gefühl für das Wesentliche auf. „Ich habe ja den gesamten Werdegang meines Sohnes miterlebt. Es ist ein großartiges Miteinander, wenn man jemanden hinter sich hat. Inzwischen hat Seppi ja längst das Zepter übernommen."

Hierarchieprobleme zwischen den Bären gab es nie, weil niemand im Schatten des anderen stand. Seppi junior dazu: „Ich werde ewig in der Öffentlichkeit der Junior-Bär bleiben. Das stört mich überhaupt nicht. Darauf bin ich stolz."

Dass sich Gegensätze anziehen, zeigen die unterschiedlichen Charaktere der Spitzenköche. So kennt man den Senior als extrovertierten, mitreißenden, ewig fröhlichen Menschen, während sich der Junior oft introvertiert, ernst und zurückhaltend gibt. Josef sucht stets die Gesellschaft, Seppi immer wieder die Einsamkeit: „Ich finde meinen Ausgleich im Sport, Vater in der Schilchergegend." Neben dem unsteten Geist des Vaters wirkt der Sohn wie ein Ruhepol. Josef Trippolt sieht gerne in die Vergangenheit zurück, Seppi nach vorne. Der Senior hält an Traditionen fest, der Junior erweitert sie behutsam. In all den Jahren der Zusammenarbeit war Josef senior stets in erster Linie Vater, dann erst Chef, Geschäftsmann, Wirt, Kollege und Mitarbeiter. Seppi junior: „Es ist ein großes Glück, mit meinem Vater zusammenzuarbeiten. Die meisten würden das nicht schaffen."

Was die Spitzenköche verbindet, ist die Liebe zu gutem Essen und Trinken, der Sinn für alles Musische, Natürliche und Schöne sowie der Ehrgeiz in der Küche.

Beide werden am Telefon ständig miteinander verwechselt, beiden blitzt der Schelm aus den Augen, beide trällern oft und gerne Lieder vor sich hin. Und wenn ein Unwetter naht, sitzen Vater und Sohn vor dem Haus und beobachten das Gewitter, Schulter an Schulter. Sie springen erst dann auf, wenn die Blitze 100 Meter neben ihnen einschlagen, dann aber gleichzeitig.

Der umtriebige Traditionalist: Josef Trippolt senior

Eigentlich war der Aushilfskoch schuld, oder besser gesagt die Tatsache, dass er die Trippolts von heute auf morgen mit ihrem Gasthaus in Bad St. Leonhard stehen ließ, um das Münchner Oktoberfest zu besuchen. Was für ihn eine große Trinkfreude war, hatte 1980 für das junge Gastronomiepaar Maria und Josef Trippolt fatale Folgen: Der Betrieb verlor mit einem Schlag ihren Koch.

Josef wollte den harten Verlust nicht einfach hinnehmen, überlegte kurz, zog seine Fleischhauerschürze aus, die Kochjacke an und stellte sich hinter den Herd. „Ich habe genau an dem Platz in der Küche zu arbeiten begonnen, an dem ich heute nach 30 Jahren noch stehe," schmunzelt Josef. Als blutiger Anfänger probierte, tüftelte und kochte er sich die Seele aus dem Leib. Schälte, hackte, rührte, sott, brutzelte, briet, filetierte, reduzierte und dressierte tage- und nächtelang. Außerdem schmökerte der Autodidakt Stunden um Stunden in den Kochbüchern internationaler Starköche. Denn Josef war zwar im Wirtshaus aufgewachsen, hatte aber vom professionellen Handwerk keine Ahnung. Sein Glück: „Schon meine Mutter war eine begnadete Köchin." Noch heute schwärmen die Leonharder von ihren Cremeschnitten. Als Kind tat der kleine Josef nichts

lieber, als in Luises Töpfe und Pfannen zu schauen, zu schmecken und zu gustieren.

Josefs einzigartiger Geschmack beim Kochen wurde in kürzester Zeit unverwechselbar. Schon bald drohten ihm seine Gäste mit Augenzwinkern: Sollte der entschwundene Koch irgendwann nach dem Oktoberfest zurückkehren und Josef wieder als Fleischhauer arbeiten, würden sie nie mehr einen Fuß über die Schwelle des Gasthauses setzen. Diese Drohung wirkte und erfüllte den Josef Trippolt mit Stolz. Außerdem weckte die erste Anerkennung in ihm nicht nur den Ehrgeiz, mit dem Kochen weiterzumachen, sondern einer der Besten unter den Besten zu werden.

Was Josef bis heute auszeichnet: Sämtliche Grundlagen hat er sich selbst beigebracht, denn er hatte in seiner Jugend nie die Möglichkeit gehabt, die Küchen der großen weiten Welt zu sehen, sie zu probieren oder in ihnen zu arbeiten. Gerade deshalb hat Josef sich auch einen Urgeschmack bewahrt, der seinesgleichen sucht.

Unglaublich ist auch die Tatsache, dass es zu dieser Koch-Karriere fast nicht gekommen wäre. Es war nämlich dem einzigen Sohn, geboren am 8. Juli 1948, und nicht den beiden älteren Schwestern Gerlinde und Elisabeth vorbehalten, die Fleischhauertradition des Hauses fortzusetzen. So absolvierte der lebenslustige Lavanttaler nach der Handelsschule in Klagenfurt eine dreijährige Lehre (1964 – 1967) als Fleischer und Selcher in Bregenz am Bodensee. Danach arbeitete Josef in einem Unternehmen in Schleswig-Holstein, das einem Kriegsfreund seines Vaters gehörte. Zwei Jahre später holte er sich Erfahrungen in einem Fleischerbetrieb am Wörthersee, um danach im elterlichen Gast- und Fleischerbetrieb zu arbeiten und die Meisterprüfung abzulegen.

Seinen Erfolg als Koch und Gastronom führt Josef auf die langjährige Tradition des Hauses Trippolt zurück. Schließlich bewirtet die Familie schon seit über 250 Jahren ihre Gäste. Es war vor allem Josefs Großmutter Elise, die für ihren Geschäftssinn bekannt war, aber auch für ihr großes Herz. „So erzählt man sich, dass jeder arme Schlucker von ihr zumindest einen Teller Suppe und ein Stück Brot bekam." Noch heute wacht ihr Porträt im Restaurant über Gäste und Wirtsleute. Und hie und da sieht man den heute weißhaarigen Josef vor dem nostalgischen Bild stehen und mit Elise plaudern. „Wenn sie mich anlacht, weiß ich, dass alles in Ordnung ist."

Im Jahre 1971 heiratete Josef seine Maria Johanna, geborene Schober, die den Beruf der Handelskauffrau erlernte und somit auch die nötige Erfahrung für die kaufmännische Seite des Betriebes mitbrachte. Die elterliche Gastwirtschaft wurde von dem jungen Ehepaar zuerst gepachtet, 1974 schließlich übernommen. Es entstand ein Café-Restaurant mit neuem Zubau für eine vollautomatische Kegelbahn. Der alte Saal und ehemalige Stallungen wurden entfernt.

Maria und Josef machten mit ihren herrlichen internationalen Fisch-Buffets und mit köstlichen, selbst produzierten Spezialitäten aus der Fleischerei von sich reden. Immer schon Tradition bei Trippolts: ein gutes Achterl Wein.

Dann gab es das legendäre Leonhardi-Stüberl – eine Art „In-Treff" für die Jugend von Bad St. Leonhard. „Schon eine halbe Stunde vor dem Aufsperren haben die Leute vor der Tür gewartet, bis wir endlich aufmachen", erinnert sich Josef. 1973 kam Seppi junior auf die Welt, 1975 Tochter Margret, die jahrelang mit Esprit, Fröhlichkeit und Sachverstand an der Seite der Gäste zu finden war.

Vater Josef bildete sich indes weiter und unternahm mit dem bisschen Geld, das seine Frau Maria und er auf die Seite gelegt hatten, kulinarische Reisen ins Ausland. „Nach zwei Tagen mussten wir meist heimfahren. Wir hatten das ganze Geld in gutes Essen investiert." Beseelt von dem Zauber der Düfte und Geschmäcker werkte Sepp Tag und Nacht, von Tatendrang und Freude erfüllt, zuerst in der Fleischhauerei, dann hinter dem Herd. Und den Leuten schmeckte es.

Immer mehr Gerichte zeigten den Anschluss an die große Küche. Sieben Jahre arbeitete Sepp parallel als Fleischhauer und Koch.

Im Jahr 1987 verpachteten Maria und Josef die Metzgerei, um sich ganz ihren Gästen widmen zu können. Nicht nur Aufbruchsstimmung war zu spüren, sondern auch ein ganz neues Qualitätsdenken zog in die über 600 Jahre alten Gemäuer am Hauptplatz in Bad St. Leonhard ein. Josefs Laufbahn als leidenschaftlicher Koch fand immer mehr Anerkennung, die Gäste bestätigten die Küche mit ihrer Treue und Freundschaft zum Haus. 1989 verlieh der Restaurantführer Gault Millau seine erste Haube an Josef Trippolt senior. 1995 kam die zweite und 2001 die dritte Haube, die Josef senior mit seinem Sohn Seppi gemeinsam erkocht hat. „Ich musste immer mit dem Junior mitziehen. Allein hätte ich mich nie so weit entwickelt und das nie geschafft", sagt Josef senior.

Aber was wäre eine Küche oder ein Betrieb ohne wirtschaftliches Tun und Denken? Treibende Kraft hinter dem Erfolg der beiden Spitzenköche war stets die Patronin des Hauses, Maria Trippolt. Ob in der Fleischhauerei oder im Gasthaus: Mit ihren jungen 21 Jahren packte die Ehefrau von Josef senior überall an, wo sie gebraucht wurde. So fand das Erbe der Familie Trippolt in der zierlichen Lavanttalerin eine der besten Mitstreiterinnen.

Harte Arbeit, Fleiß, Durchhaltevermögen, Talent und die Liebe zum Beruf ließen aus Maria eine der besten Sommelière des Landes und eine scharfsinnige Geschäftsfrau werden. Ihr Motto: Perfektion durch Schlichtheit.

Ein unscheinbares Wiesenblümchen bedeutet ihr mehr als jede noch so grazil gezüchtete Rose. Maria stöbert lieber im Antiquitätenladen als im Designershop. Sie war es auch, die jahrzehntelang die ehrliche, unaufdringliche Gastlichkeit am Tisch geprägt hat und aus dem Restaurant einen Ort der Einkehr für ein würdiges Essen gemacht hat.

Für ihren Kampf um Familie, Geschäft, Zusammenhalt und Motivation musste Maria viel Kritik einstecken. Während in vielen Restaurants noch immer geraucht wird, erklärte sie das Gasthaus schon vor fast zehn Jahren zum Nichtraucherlokal. Maria wehrte sich gegen eine Dauerberieselung mit Musik im Restaurant und überwachte Empfang, Service, Dekor, Blumen, Weinkeller und Finanzen mit Intelligenz, Herzlichkeit und Sinn für eine zurückhaltende Ästhetik.

Als vierfacher Großvater könnte Josef senior längst seinen Ruhestand genießen und sich auf die Bärenhaut legen.

Das tut er aber nicht. So vergeht kein Tag, den er nicht in der Küche verbringt oder im Restaurant die Gäste unterhält. „Ich bin als Wirt und Koch geboren", zuckt Josef senior mit den Achseln. Die Gäste könnten niemals auf seine mitreißende Art verzichten, mit der er Geschichten erzählt, meist Anekdoten von früher. Eine erzählt davon, wie das Lokal und auch er zu seinem Namen als „Bär" kamen. Da gibt es nämlich zwei Versionen:

Josef stieg mit seinen drei nicht minder schweren Kumpeln in einen Lift hinein, der darauf seinen Dienst verweigerte, denn die vier Freunde hatten die Nutzlast von 450 Kilo überschritten. Sepps treffsicherer Kommentar dazu: „Na, mia san schon ane Bären."

Die zweite Version: Dieselben Freunde, dasselbe Gewicht, allerdings auf einer Fleischerwaage zur vorgerückten Stunde. Derselbe Kommentar von Sepp senior. Aus dem „Bären" ist mit den Jahren eine österreichweite Marke geworden. Unverwechselbar steht sie für die Stärke, die Willenskraft sowie die Gemütlichkeit von Josef und dem Hause Trippolt. Sie hat bis heute nichts an Aktualität eingebüßt.

Der innovative Perfektionist

Deshalb ist der „Junior-Bär", wie er von allen genannt wird, über die ganzen Jahre an Bord geblieben. „Ich wollte immer das werden, was mein Vater war", seinem wahrscheinlich einzigen Vorbild im Leben.

Bereits mit sechs Jahren hat der kleine Seppi im Betrieb der Eltern geholfen. Mit einem selbst geschnitzten Messer und einer Metzgerschürze sah er seinem Vater bei der Arbeit als Fleischhauer zu. „Andere Kinder haben Fußball gespielt. Ich habe

Als es nach der Handelsschule galt, einen passenden Lehrplatz zu finden, machten die Trippolts vier Tage Urlaub im Arlberg Hospiz in St. Christoph. „Wir haben gehört, dass das Fünfsternehotel eine der besten Adressen Österreichs sein soll." Nach dem kurzen Aufenthalt waren die Geldreserven der Familie zu Ende, für Seppi junior aber klar, in diesem renommierten Hotel seine Lehrzeit verbringen zu wollen. Im Gegensatz zum Vater, der als Autodidakt den

Seppi Trippolt junior (geb. 1. Januar 1973) wollte nie Astronaut werden, oder Pirat, kein Ritter und schon gar kein Superman. Seppi Trippolt wollte immer Koch werden. Das ist er auch geworden. Und was für einer. Zusammen mit Vater Josef gehörte er bereits in jungen Jahren zur Elite der österreichischen Spitzenköche.

„Ich bin in unserem Haus in eine Gastwirt-Tradition hineingeboren. Manch einer sieht das als Last und sucht das Weite. Für mich bedeutete es eine große Chance."

in der Zwischenzeit mit Vater ein Kalb zerlegt." Bald war Seppi in der Küche für die Garnituren zuständig. Orangenscheiben, Preiselbeeren und Petergrün gab es zum obligatorischen Sonntagsschnitzel. „Vater hat nie verlangt, dass ich im Betrieb helfen muss. Aber am Wochenende hat er immer gefragt: ,Steigst mit ein?'" Bald schon hatte Seppi einen fixen Platz in der Küche, formte mit acht Jahren Erdäpfellaibchen, schmeckte die Pfeffersauce ab, schnitt Gemüse und so weiter. „Mit zehn Jahren war sein Boeuf Stroganoff perfekt", erinnert sich Josef Trippolt senior.

Beruf des Kochs ergriff, wollte der Sohn das Handwerk auf professionellem Wege erlernen. Vier Jahre, von 1988 bis 1991, blieb der Lavanttaler in Tirol. „Eine der schönsten Zeiten in meinem Leben", resümiert der Starkoch. Denn die schroffen Berge, die karge Landschaft sowie die Abgeschiedenheit haben den jungen Bad St. Leonharder geprägt und seinen Charakter gefestigt.

Während andere Greenhorns bei den bekanntesten Köchen der Welt ihre Erfahrungen sammelten, um Einblicke in Geschmack und Technik zu erhaschen, kam Seppi schnell wieder an den heimatlichen

Herd zurück. Nach einem mehrmonatigen Zwischenstopp auf der Atlantikinsel Bermuda wusste der Jungkoch, was er wollte. „Ich hatte das Gefühl, je mehr Stationen ich in den Weltküchen durchmache, desto weniger Ideen stammen von mir. Man lässt sich nicht mehr einfach nur inspirieren, sondern versucht, das Gesehene zu kopieren." Der junge Lavanttaler setzte aber alles daran, sich selbst zu verwirklichen. Zu viele Köche verderben den Brei? Mitunter ja, denn Seppis Ziel war es nicht, Küchenchef in einem großen Hotel zu werden, sondern im kleinen eigenen Familienbetrieb einzusteigen. „Ich wollte immer nur kochen, meine eigene Linie. Das ist bis heute das, was ich machen möchte. Ich tue es einfach gern." Entschlossenheit, Kraft, Freude am Beruf, Perfektion und Bescheidenheit, derer es bedarf, um ein Spitzenkoch zu sein, sind nach wie vor Seppis Stärken. Denn der Kärntner trägt nicht nur ein wunderbares, sondern auch ein sehr schweres Erbe mit sich. Gilt es doch, den kulinarischen Weg der Familie Trippolt auch in nächster Generation weiterzugehen.

Um frei zu denken und seinen Horizont zu erweitern, reiste der junge Bär rund um den Globus. Vor allem die Südsee hat ihn wieder und wieder angezogen – Tahiti, Cook-Inseln & Co. Seppi junior: „Ich brauche die Ferne genauso wie die Nähe." Aus dem passionierten Fernreisenden ist nun als zweifacher Familienvater ein überzeugter Alpen-Adria-Reisender geworden: Friaul, Venetien, Slowenien, Kroatien, aber auch immer wieder die Toskana und das Piemont. Die kulinarische Seite der Regionen und Länder ist dabei meist im Vordergrund.

Was auf den ersten Blick auffällt: Seppi Trippolt junior trägt keine Merkmale eines traditionellen Kochs. So besticht sein Auftreten nicht durch Körperfülle, sondern durch scharf geschliffene Züge und einen athletischen Körperbau. Zielstrebig, konzentriert und ohne Hektik steht er in der Küche. Obwohl ihm die Arbeit leicht von der Hand geht und locker aussieht, ist das Business purer Ernst für ihn, auch wenn mal jemand ein Kärntnerlied trällert oder ein schallendes Lachen aus der Küche zu hören ist. Professionalität lautet das Motto, nicht Improvisation. Seppi junior misst jede Leistung an seiner eigenen und ist beinhart zu sich selbst. Seiner Linie ist er bis heute treu geblieben. Deshalb ist es ihm auch rasch gelungen, aus dem Schatten seines berühmten Vaters zu treten. „Mein Vater hat sich seine Popularität hart erkämpfen müssen." Seppi selbst meidet das Rampenlicht eher, als dass er es sucht.

Wenn der Spitzenkoch einmal etwas freie Zeit hat, sucht man ihn vergebens in der warmen Stube. Am liebsten rennt der passionierte Sportler seine Kilometer in den Feistritzgraben, klettert Felswände hoch und düst mit seinem Mountainbike über Stock und Stein. Je härter der Arbeitstag, desto härter das Training. Wenn die Berge rufen, dann folgt er ihnen, auf die höchsten Gipfel Mitteleuropas. Auch im Winter, denn Schibergsteigen gehört zu seinen größten Leidenschaften. Privat lebt Seppi junior auch seine künstlerische Ader aus – als Gitarrist und Maler. Seine zurückhaltenden, stimmungsvollen Aquarelle sind überall im Restaurant zu finden. Das zeigt den Realisten von einer ungewöhnlichen träumerischen Seite. (Die ist sonst nur mir als seiner Frau vorbehalten, sowie seinen Söhnen Julius Josef und Theodor Johann.)

Das ist unser Geschmack

Der Tag beginnt für Josef Trippolt senior mit einem kurz gezogenen Espresso und der regionalen Morgenzeitung. Es ist halb neun Uhr in der Früh. Seppi Trippolt junior kommt gerade von seinem täglichen Sporttraining zurück. Fonds und Suppen köcheln bereits auf dem Herd vor sich hin.

Duftschwaden von Gemüse, Rind und Lamm ziehen durch das Haus.

Immer wieder gießt Josef senior auf, immer wieder kostet er. Auf der Arbeitsfläche dahinter stapeln sich die Teigmassen – Vollkornbrot mit Kürbiskernen, Focaccia mit Rosmarin und Olivenöl, Afrika-Brot mit Nüssen und Rosinen, Polentabrot und Brioche. Seppi junior wird daraus bald herrlich duftendes Gebäck zaubern. Zuvor muss er jedoch seine Beute versorgen, die er beim Morgenlauf gemacht hat – wilde Kresse aus dem Feistritzbach, Gundelrebe, Brennnessel, Schafgarbe und vieles mehr.

„Was kochen wir heute?", lautet die erste Frage von Josef senior an den Junior. „Was haben wir denn gekriegt?", kommt die Antwort. Eine berechtigte Frage, denn es kommen ausschließlich frische, ehrliche und erstklassige Produkte von den Alpen bis zur Adria auf die Teller.

Sie bilden die Grundlage der Bären-Küche. Da muss jeden Tag genau geprüft werden, was die Produzenten geliefert haben, denn Kochen beginnt beim Einkaufen. Der Preis darf dabei nicht ausschlaggebend sein. Die Qualität muss stimmen. Da heißt es ständig Augen auf und Neues erschnüffeln, wie am Benediktinermarkt in Klagenfurt oder am Bauernmarkt am Kaiser-Josef-Platz in Graz. Josef senior: „Da ruft ein altes Weiblein, das im Frühling den ersten Röhrlsalat verkauft, schon von Weitem ,Da kommt der Herr von hinter der Pack!'" Auch das Lavanttal erweist sich hinter seiner vermeintlichen Kargheit als vortreffliche Vorratskammer. Wildkräuter, Pilze und Beeren sammeln die bärigen Köche mit Vorliebe selbst. Bauern, Fischer und Jäger bringen die besten Stücke. Eine große Herausforderung an die Küche und an die Kreativität ist, dass nicht alles immer zu bekommen ist.

Jedes noch so kleine Detail der Gerichte wird von den Lavanttaler Spitzenköchen von Hand hergestellt, mit viel Ehrfurcht vor dem kulinarischen Erbe der Familie Trippolt und der Liebe zur Natur. Denn einfach, schlicht und leicht zu kochen, bedeutet für die Bären, intelligent zu kochen. „Erst, wenn man von einem Gericht nichts mehr weglassen kann, ist es perfekt", bringt Seppi junior das Küchencredo auf den Punkt, Perfektion durch Reduktion sozusagen. „Manchmal sind wir weit von diesem Ziel entfernt. Gelegentlich erreichen wir es aber." Einen besonderen Wert legen die Bären auf die Präsentation der Gerichte. Das Anrichten wurde längst zur Kunst erklärt.

Der besondere Reiz der Trippolt'schen Köstlichkeiten liegt im Reigen der Jahreszeiten – mit inspirierenden Gedanken und wahren Geschmäckern. Josef und Seppi Trippolt zelebrieren Lavanttaler Bodenständigkeit mit notwendigem Weitblick. Sie bieten eine verfeinerte, regionale Küche, zeitgemäß, geradlinig und modern interpretiert. Dabei lassen die Spitzenköche kurzlebige Trends weit außen vor. „Wir sind der Mode nie hinterhergelaufen", erzählt Josef senior. „Mit der Zeit sind wir jedoch draufgekommen, dass wir in vielen Dingen eigentlich die Vorreiter waren." Unbewusst.

Die Einflüsse der Trippolt'schen Küche stammen aus dem gesamten Alpen-Adria-Gebiet, denn frische Kräuter, feine Olivenöle, einfache Pasta-Gerichte sowie leichte und schnörkellose Speisen waren schon immer eine Domäne des Südens gewesen.

Das erklärte Ziel der Spitzenköche ist es, nicht nur Unglaubliches, Herausragendes, Strahlendes und Unnachahmliches auf den Tisch zu bringen, sondern vor allem Schmackhaftes. „Der Geschmack ist das Wichtigste", fasst Josef senior zusammen. „Wir lieben ausgewogene, runde Gerichte." Auf die Würzung und Dosierung komme es an. Und auf das Einfangen von sinnlichen und magischen Düften. Davon ist vor allem Seppi junior beseelt. „Wenn ich im Herbst auf unsere Hube zum alten Birnbaum marschiere, rieche ich die reifen Früchte, die moosige Erde, das feuchte Laub und die frische Luft", schwärmt er. Schon entsteht aus den fleischigen Mostbirnen ein Edelbrand, mit dem Seppi die Ganache seiner einzigartigen Pralinen verfeinert. Und so nehmen die Gäste als kleinen, süßen Gusto ein Stück Familiengeschichte der über hundert Jahre alten Hube mit nach Hause.

Auf der einen Seite ist es ein ganz besonderer Duft, der die Bären zu neuen Ideen inspiriert, auf der anderen Seite kreiert Seppi junior seine Gerichte nicht in einem Küchenlabor, sondern mit der Montblanc-Füllfeder in der Hand am Sekretär. „Manche Gerichte schweben mir jahrelang im Kopf herum." Aber für die Umsetzung muss die Zeit manchmal erst reifen. „Wenn mir beim Schreiben das Wasser im Mund zusammenläuft, weiß ich, dass aus dem Rezept etwas Herrliches wird." Dabei geht es nicht immer darum, die Gourmetwelt zu revolutionieren, sondern Beständiges zu perfektionieren, denn gute Gerichte entwickeln sich ständig weiter. Brandneue Innovationen müssen sehr langsam an den Gast herangetragen werden, behutsam, mit viel Gespür. Diese Probierzeit ist für die Spitzenköche besonders hart. „Denn schließlich spiegeln wir uns selbst in unserer Küche wider", sind sich die Trippolts einig. Kommt die Anerkennung der Gäste, erfüllt sie die Bären mit großer Freude, denn sie impliziert die Zusage an ihr Sein und Tun – eine Symbiose aus Vater und Sohn, Tradition und Innovation.

Bad St. Leonhard - mitten im Paradies Kärntens

Wenn man in die kleine romantische Stadt Bad St. Leonhard Richtung Obdach durch die Ahornallee hineinfährt, erscheint auf der rechten Seite das Restaurant „Trippolts ‚Zum Bären'".

Dort ist es also. Mitten am Hauptplatz haben die Trippolts ihren Traum verwirklicht und ihre elegante Gästeresidenz geschaffen. Ohne Schnörkel und überflüssiges Beiwerk. Die einfache, schlichte Fassade könnte man fast übersehen. Aber nur fast, denn der Gourmet kennt den Weg. Dieser führt immerhin seit über 250 Jahren ins Obere Lavanttal, denn die Gastfreundschaft im Hause Trippolt ist eine historisch gewachsene. Immer wieder sieht man die Bären-Familie vor dem Haus stehen und ihren Gästen nachwinken.

Die kleine Stadt Bad St. Leonhard selbst gilt mit seinen 4 647 Einwohnern als wirtschaftliches und kulturelles Zentrum im Oberen Lavanttal. Bereits im Jahr 1325 hat der kleine Ort sein Stadtrecht erhalten. Der historische Kern besteht aus eleganten Bürgerhäusern mit Biedermeierfassaden sowie einer Mariensäule. Hinter der prächtigen Kulisse verstecken sich idyllische Innengärten mit schattigen Höfen und üppigem Grün. Die Kleinstadt wird von einer mächtigen Wehrmauer umgeben, die teilweise noch gut erhalten ist. Über Kärnten hinaus weit bekannt: die Leonhardikirche, die zwischen 1106 und 1139 auf einer kleinen Anhöhe erbaut wurde. Ihre Blütezeit erlebte die Stadt im 15. und 16. Jahrhundert, als im nahen Klieninger Graben nach Gold und Silber gesucht wurde. Im 20. Jahrhundert wandelte sich die Gemeinde mit ihrer Schwefelquelle und dem Preblauer Sauerbrunnen zu einem bekannten Kurort und Heilbad, 1935 wurde die Stadt in „Bad Sankt Leonhard" umbenannt. Im Jahr 2009 eröffnete das neue moderne Gesundheitsressort.

Die Spitzenköche Josef und Seppi Trippolt sind sich einig: Nur hier, eingebettet im Paradies Kärntens zwischen Koralpe und Saualpe, können sie ihre Kochkunst entfalten. Großstädten und Glamour haben sie nie eine Chance gegeben, obwohl sie der Ruf von allen Seiten ereilte.

Für Josef senior steht Bad St. Leonhard als Heimat nicht im kitschig-pathetischen, sondern im authentischen, ehrlichen und begreifbaren Sinn.

„Hier bin ich aufgewachsen. Ich habe in der Stadt alles miterlebt." Die Leonharder selbst beschreibt der Spitzenkoch als offene, freundliche, natürliche und sehr zugängliche Leute. „Hier leben starke Menschen. Stark an Körperkraft, aber auch an Geist", ergänzt Seppi junior. Berge, Almen und Täler haben die Bewohner geprägt und sie eigenständig, selbstsicher, lebensfroh und energiereich gemacht.

Das Gasthaus der Trippolts war stets der Mittelpunkt des gesellschaftlichen Lebens im Ort. Als die Kleinstadt in den 1950er- und 60er-Jahren durch das Schwefel-Heilbad einen besonderen Aufwind erfuhr, wohnten die Sommerfrischler und Erholungssuchenden in den Fremdenzimmern der Trippolts. Aus Gastfreundschaft ist sehr oft wahre Freundschaft geworden und so kehren viele der damaligen Gäste bis heute immer wieder nach Bad St. Leonhard zurück, um die Küche der Bären sowie die Natur- und Kulturschönheiten zu genießen. Besonders sehenswert: die Kunigundkirche am Ende des Hauptplatzes auf dem Schlossberg, das Schloss Ehrenfels an der nördlichen Stadtausfahrt, das Renaissanceschloss Wiesenau vor den Toren Bad St. Leonhards sowie das herrschaftliche Anwesen Schloss Lichtengraben mit ihrer Ruine Painburg, einer stimmungsvollen Wasserburg aus dem 15. Jahrhundert, nur fünf Autominuten vom Stadtkern entfernt.

Der romantischste Platz in Bad St. Leonhard befindet sich laut Josef Trippolt senior auf dem Schlossberg. Hier thront die Burgruine Gomarn mit ihrem mächtigen Innenhof und dem riesigen Kastanienbaum. Rundum lädt eine wunderschöne Parkanlage mit gepflegten Wegen zum Spazieren und Bänken zum Verweilen ein. Hier gibt es Romantik pur, auch in den engen Gassen der Kleinstadt. Ob Kärntnerlieder, Stadtkapelle, bäuerliche Kleinkunst, Trachten oder altes Handwerk – in Bad St. Leonhard wird das Brauchtum gelebt. Die Bewohner stehen zu ihrer Tradition als Bindeglied zwischen den Jahrzehnten und Jahrhunderten, natürlich mit dem notwendigen Weitblick. Bad St. Leonhard schenkt seinen Gästen und Bewohnern wunderschöne Erinnerungen an ihre eigene Kindheit, an das Leben in der Region, an die bäuerliche Arbeit, an die Ehrfurcht vor der Natur sowie an die ausgelassene Fröhlichkeit bei den Festen und Feiern. Was für ein Glück, dass die Lavanttaler zu den sing- und musizierfreudigsten Bewohnern Kärntens gehören. Gesungen wird bei jedem Anlass, auch im Hause Trippolt. Und es sind gerade die vielen munteren Bäche, die satten Almen, die hohen Bergesgipfel und die dichten Nadelwälder rund um die Kleinstadt, in denen Josef und Seppi Trippolt Energie tanken und sich Inspiration für ihre Kreativität holen. Natur und Kultur, Tradition und Moderne, kleinstädtisches Flair und ländliche Beschaulichkeit. Bad St. Leonhard trägt den Erfolg der Bären mit, und das seit über 250 Jahren.

Nachgefragt bei Josef Trippolt senior

☒ Sauvignon Blanc ☐ Muskateller
☒ Olivenöl ☐ Kernöl
☐ Nouvelle Cuisine ☒ Selchwurst
☒ Prosecco ☐ Champagner
☒ geselcht ☐ luftgetrocknet
☐ Brust ☒ Keule
☒ Cabernet Sauvignon ☐ Merlot
☒ gebrannt ☐ angesetzt
☐ süß ☒ pikant
☐ Leitungswasser ☒ Mineralwasser
☐ Fisch ☒ Fleisch
☒ Pasta ☐ Risotto
☐ Schwarzbrot ☒ Semmel

☐ Friaul ☒ Südsteiermark
☐ Morgensport ☒ Morgenzeitung
☐ Tosca ☒ Nabucco
☒ Berg ☒ Meer
☐ Sonne ☒ Schatten
☒ Espresso ☒ Pfefferminztee
☒ Notting Hill ☐ James Bond
☒ Bariton ☐ Bass

Wussten Sie, dass keiner der beiden Sepps ohne Kärntnerlied auch nur eine einzige Kärntner Nudel machen kann? Liegt daran, dass beide unglaublich musikalisch sind.

Wussten Sie, dass Sepp junior in der Schule „Wursti" oder „Schweinsbraten-Seppi" gerufen wurde, Sepp senior „Salami-Pepi" und ebenfalls „Wursti". Eine Anspielung auf den elterlichen Fleischhauerbetrieb.

Wussten Sie, dass Seppis Hemden während der Lehrzeit im Arlberg Hospiz verdächtig nach Selchwürsten rochen? Die Versorgungspakete der Eltern stapelten sich im Schrank und versorgten das halbe Hotelpersonal mit.

Nachgefragt bei Seppi Trippolt junior

- ☐ Sauvignon Blanc
- ☒ Olivenöl
- ☐ Nouvelle Cuisine
- ☐ Prosecco
- ☐ geselcht
- ☒ Brust
- ☐ Cabernet Sauvignon
- ☒ gebrannt
- ☒ süß
- ☒ Leitungswasser
- ☒ Fisch
- ☒ Pasta
- ☒ Schwarzbrot

- ☒ Muskateller
- ☐ Kernöl
- ☒ Selchwurst
- ☒ Champagner
- ☒ luftgetrocknet
- ☐ Keule
- ☒ Merlot
- ☐ angesetzt
- ☐ pikant
- ☐ Mineralwasser
- ☐ Fleisch
- ☐ Risotto
- ☐ Semmel

- ☒ Friaul
- ☒ Morgensport
- ☒ Tosca
- ☒ Berg
- ☐ Sonne
- ☒ Espresso
- ☐ Notting Hill
- ☒ Bariton

- ☐ Südsteiermark
- ☐ Morgenzeitung
- ☐ Nabucco
- ☐ Meer
- ☒ Schatten
- ☐ Pfefferminztee
- ☒ James Bond
- ☐ Bass

Wussten Sie, dass das Geheimnis der guten Zusammenarbeit zwischen Vater und Sohn einem Ahorn im Garten zu verdanken ist? Sepp senior ist nach hitzigen Diskussionen mit seinem Sohn zum Dampf ablassen in den Hof gegangen und hat gegen den Baum getreten. Mittlerweile steht der Ahorn nicht mehr. Die Zusammenarbeit funktioniert jedoch prächtiger denn je.

Wussten Sie, dass der Name „Zum Bären" während einer gewichtigen Liftfahrt entstand? Vier schwergewichtige Freunde, darunter Sepp senior, überboten die Nutzlast eines Liftes um ein Drittel (bei einer Nutzlast von 450 kg!). Daraufhin Sepp senior: „Wir san schon ane Bären."

KLEINES & FEINES

warme und kalte Vorspeisen

Marinierte Steinpilze

mit Olivenkaviar und Parmesan

Zutaten für 4 Personen

Pilze

ca. 400 g frische geputzte Steinpilze und 4 kleine Steinpilze, halbiert

100 g Parmesan, in feine Blätter gehobelt

Salz, Pfeffer aus der Mühle, Zucker

Olivenöl

frische Kräuter (Thymian)

1 EL geröstete Pinienkerne

½ Zitrone

4 ganze Oliven

1 runde Ausstechform, (Durchmesser: ca. 5,5 cm)

Olivenkaviar

12 schwarze Oliven, entkernt

½ TL Zitronenzesten

Honig, Salz

2 EL Olivenöl

Zubereitung

Für den Olivenkaviar die entkernten Oliven feinst hacken (fast zu einem Mark). In ein verschließbares Glas geben und mit 2 EL Olivenöl vermischen. Mit Zitronenzesten, Honig und einer Prise Salz abschmecken.

Die geputzten Steinpilze in feine Scheiben hobeln oder schneiden und mit dem geschabten Parmesan vorsichtig vermischen. Frisch gerebelten Thymian sowie Pinienkerne dazugeben. Mit etwas Salz, Zucker und Pfeffer würzen sowie mit Olivenöl und ca. 3 TL Zitronensaft abmachen.

Die kleinen Steinpilzhälften mit etwas Olivenöl in einer Pfanne resch anbraten. Mit Salz, Pfeffer und ca. 1 - 2 TL Zitronensaft würzen.

Anrichten

Mit einer runden Ausstechform die marinierten Steinpilze am Teller anrichten. Die gebratenen Steinpilze seitwärts dazusetzen. 2 TL Olivenkaviar dazugeben und mit Parmesan umstreuen. Je eine schwarze Olive draufsetzen und mit frischen Kräutern garnieren. 1 TL Olivenöl schwungvoll über den Teller ziehen.

Josef senior:

„Was kochen wir heute?"

Seppi junior:

„Was haben wir denn gekriegt?"

Canapés mit Apfelkompott und geräuchertem Saibling

Zutaten für 6 Personen

Fisch

1 kalt geräuchertes Saiblingsfilet (ca. 120 g)

Canapés

4 Boskop-Äpfel, Rubinette oder Braeburn

4 Nelken

½ l Wasser

3 EL Zucker

Saft einer ½ Zitrone

3 – 4 Scheiben weißes Landbrot, 1 cm dick geschnitten

1 – 2 EL geriebener Kren

Sirup von roten Rüben

1 gekochte, geschälte rote Rübe (ca. 150 g)

Honig, Salz, 1 EL Apfelessig

Maisstärke

Fertigstellung

Olivenöl, 1 Bund Radieschen, frische Gartenkräuter

Zubereitung

Für das Apfelkompott die Äpfel schälen, Kerngehäuse entfernen und das Fruchtfleisch in Stücke schneiden. Mit Wasser, Zucker, Nelken und dem Zitronensaft zu einem Kompott einkochen. Kühl stellen.

Die gekochte, geschälte rote Rübe in kleine Stücke schneiden, mit heißem Wasser suppig feinst pürieren und durch ein feines Sieb streichen. Mit etwas Honig, Salz und Apfelessig abschmecken. Einen ½ EL Maisstärke mit etwas Wasser anrühren und den kochenden roten Rübenfond sämig binden. Auskühlen lassen.

„Aus der Familie wächst die Kraft für Zukünftiges."

Josef senior

Das Brot mit einem runden Ausstecher von 4 cm ausstechen und rösten. Die Kreise in sechs Metallringe derselben Größe einsetzen. Das Kompottwasser abseihen und die Äpfel mit geriebenem Kren vermischen. Kleine Stücke schneiden und in die Metallringe 3 cm hoch einfüllen. Etwas andrücken. Das geräucherte Saiblingsfilet dünn aufschneiden.

Anrichten

Canapés im Ofen bei 140 °C ca. 3 Minuten erhitzen. Auf die Teller legen und vorsichtig aus der Form lösen. Das dünn aufgeschnittene Saiblingsfilet daraufsetzen und mit frischen Kräutern garnieren. Mit Rübensirup, Olivenöl, Radieschen und Gartenkräutern servieren.

Timballino von der Räucherforelle
in Schnittlauchjoghurt, Bachkresse und Petergrün-Pesto

Zubereitung

Für das Parfait die Haut der geräucherten Forelle abziehen und mit etwas Salz, Pfeffer und Zucker, Weißwein, Wasser in den Mixer geben und feinst mixen. Gelatine einweichen, gut ausdrücken, schmelzen und zur Masse fließen lassen. Ca. 5 – 10 Minuten kühl stellen. Die Sahne halbfest aufschlagen und vorsichtig unter die Fischmasse rühren. In Timballino-Formen füllen und 3 – 4 Stunden gut kühlen.

Für das Pesto die Petersilienblätter mit etwas Salz, Zucker, Honig, Olivenöl und Pinienkernen zu einem sämigen Pesto mixen.

Für den Schnittlauchjoghurt alle Zutaten vermengen und kühl stellen.

Die Bachkresse waschen und trocknen. Die Zutaten für die Marinade vermengen und die Kresse darin einlegen.

Anrichten

Mit einem Löffel den Schnittlauchjoghurt in der Mitte der Teller verteilen. Das Parfait stürzen und ebenfalls in der Tellermitte anrichten. Die frische, mild marinierte Bachkresse locker auf das Parfait geben. Das Pesto schwungvoll über den Teller ziehen.

„Erst, wenn man von einem Gericht nichts mehr weglassen kann, ist es perfekt."

Seppi junior

Zutaten für 4 Personen

ca. 10 Timballino-Formen (Höhe: 5 cm, Durchmesser: 3,5 cm) mit Klarsichtfolie auslegen.

Räucherforellen-Parfait

1 Forellenfilet (ca. 120 – 130 g), geräuchert

⅛ l Wasser

⅛ l Weißwein (Riesling)

Salz, etwas Zucker, weißer Pfeffer

2½ Bl Gelatine, in kaltem Wasser eingeweicht

100 ml Sahne

Petergrün-Pesto

1 Handvoll Petersilienblätter

Salz, etwas Zucker

1 Messerspitze Honig

200 ml neutrales Olivenöl

1 EL Pinienkerne, leicht geröstet

Schnittlauchjoghurt

¼ l Naturjoghurt mit 3,6 %

Salz, Zucker, etwas Zitronensaft

1 EL Schnittlauch, fein geschnitten

Marinade Bachkresse

ca. 100 g frische Bachkresse

Olivenöl

weißer Balsamessig

Salz und Zucker

KLEINES & FEINES
WARME UND KALTE VORSPEISEN

Sellerie-Karotten-Terrine
im gekühlten, leicht gesüßten Paradeisersaft

ca. 10 – 12 Portionen

1 dreieckige Terrinenform (Höhe: 3 – 4 cm, Länge: 30 cm)

Sellerie-Karotten

1 – 2 große Karotten, geschält

Für die Selleriemousse

1 Sellerieknolle, geschält und in kleine Stücke geschnitten

etwas Salz, Zucker, frischer Zitronensaft, Honig

2½ Bl Gelatine, in kaltem Wasser eingeweicht

100 ml Sahne

Paradeisersaft

3 – 4 große Tomaten

Zucker, Salz, 1 Lorbeerblatt

etwas Maisstärke, mit Wasser angerührt

ca. ⅛ l Wasser

Olivenöl, extra vergine

Zubereitung

Die Terrinenform mit Klarsichtfolie straff auslegen. Die Karotten mit der Aufschnittmaschine längs in 1 mm dünne Scheiben schneiden. Im kochenden Salzwasser kurz blanchieren und auf Küchenpapier trocknen. Die Terrinenform mit den Karottenscheiben überlappend auslegen.

Für die Selleriemousse kleine Selleriestücke mit Wasser übergießen und mit etwas Salz und Zucker weich kochen. Im Küchenmixer zu einem dicken Mus pürieren. Etwas vom Kochwasser zugeben, damit es sich leichter mischt. Vom pürierten Sellerie 250 ml abmessen und die eingeweichte, leicht erwärmte Gelatine einrühren. Mit etwas frisch gepresstem Zitronensaft, Salz, ½ EL Zucker und ca. 1 – 2 TL Honig abschmecken. Im kalten Wasserbad rühren, bis die Masse ausgekühlt ist. Die Sahne halb steif schlagen und unter die kalte, nicht gestockte Selleriemasse heben. In die Terrinenform füllen und mit den überlappenden Karotten schließen. Ein paar Stunden gut durchkühlen.

Für den Paradeisersaft die Tomaten halbieren und durch ein Sieb in eine Kasserolle pressen. Mit einem Löffel alles gut durchdrücken. ⅛ l Wasser zugießen, aufkochen lassen und mit Salz, Zucker und einem Lorbeerblatt würzen. Wenn nötig mit etwas Maisstärke suppig binden. Auskühlen lassen. Der Saft sollte etwas süß sein.

Anrichten

Den Paradeisersaft in etwas tiefere Teller ca. 3 mm hoch eingießen. Terrine stürzen, in 2 cm große Stücke schneiden und in die Mitte der Teller legen. Etwas Olivenöl in den Paradeisersaft einträufeln.

KLEINES & FEINES
WARME UND KALTE VORSPEISEN 35

KLEINES & FEINES
WARME UND KALTE VORSPEISEN

Frische Zupfsalate und Kaiserforelle in der Röstikruste

Josef senior:

„Seit fast zwanzig Jahren kochen wir zusammen in einer Küche."

Seppi junior:

„Wie ein altes Ehepaar, in guten wie in schlechten Zeiten!"

Zutaten für 4 Personen

Kaiserforelle

1 Kaiserforellenfilet (ca. 300 g), enthäutet und entgrätet

Salz, Pfeffer und Zitronensaft

Olivenöl

Röstikruste

2 große, gekochte und geschälte Erdäpfel

Zupfsalat

ca. 100 g Zupf- und Röhrlsalat

etwas Zitronensaft, Salz, Zucker und Olivenöl

Fertigstellung

10 Kirschtomaten

etwas geriebener Kren, Salz, Zucker

weißer Balsamessig, Olivenöl

Salbeiblätter, fein geschnitten

Zubereitung

Die Kaiserforelle in 3 cm große Streifen schneiden. Mit Salz, Pfeffer und Zitrone würzen. Eng zusammenrollen und jeweils mit einem 5 cm langen Holzspießchen fixieren. Erdäpfel in Röstiflocken drüberreiben und leicht andrücken.

Kirschtomaten vierteln und mit Kren, Salz, Zucker, Balsamessig, Olivenöl und geschnittenem Salbei marinieren.

Kaiserforellen-Röllchen im nicht zu heißen Olivenöl rundherum vorsichtig goldbraun anbraten. Danach bei 180 °C ca. 4 – 5 Minuten ins vorgeheizte Rohr geben.

Zupfsalat und Röhrlsalat mit Zitronensaft, Salz, Zucker und Olivenöl abmachen und auf den Teller rund platzieren. Die Mitte etwas aussparen.

Anrichten

Nach dem Entfernen des Holzspießes die goldbraun angebratene Kaiserforelle in die Mitte des Tellers geben und mit den Krentomaten garnieren. Etwas Olivenöl über das Gericht träufeln.

KLEINES & FEINES
WARME UND KALTE VORSPEISEN

Warm gebeizte Kaiserforelle in Apfelessig und jungem Grün

Zutaten für 4 Personen

Fisch

1 Kaiserforellenfilet (ca. 400 g), entgrätet

Junges Grün

50 g Brunnenkresse oder Zupfsalat

Zum Warmbeizen

Salz, Pfeffer aus der Mühle

Zesten von 1 Zitrone

5 EL intensives Olivenöl, warm (ca. 40 – 45 °C)

3 EL frischer, fein geriebener Parmesan

Marinade

Salz, weißer Pfeffer

6 EL Apfelessig

8 EL Olivenöl

1 EL Knoblauchöl

3 EL Distelöl

2 EL Wasser

1 TL Zucker

Zubereitung

Die Brunnenkresse bzw. den Zupfsalat sorgfältig waschen, auf ein Tuch legen und trocknen lassen. Die Kaiserforelle in dünne Scheiben schneiden, kreisförmig auf den Tellern anrichten und mit Salz, Pfeffer und Zitronenzesten würzen. Mit dem warmen Olivenöl bepinseln und mit etwas Parmesan bestreuen. 5 Minuten ziehen lassen.

Für die Marinade Essig und Salz verrühren, Öl, Wasser und Zucker zugeben, mit Pfeffer würzen, aufmixen und über die Kaiserforelle träufeln. Die Brunnenkresse zum Fisch geben und ebenfalls mit der Marinade nappieren.

Seppi junior:

„Früher habe ich während des Kochens ausschließlich Heavy Metal und Rockmusik gehört."

Josef senior:

„Was ist mir das Gedudel auf den Wecker gegangen!"

Seppi junior:

„Irgendwann wollte ich nach diesem unglaublich schnellen Tempo nicht mehr kochen. Jetzt läuft rund um die Uhr Radio Kärnten, schön kamot."

Räucherforellen-Karottenröllchen mit Apfelkren

Zubereitung

Die Haut der Forellenfilets abziehen und den Fisch feinst hacken. Mit Karottenwürfeln, Petersilie, Olivenöl und Thymian vermischen. Mit etwas Zitronensaft, weißem Pfeffer und, wenn nötig, auch mit etwas Salz abschmecken. Die Karotten der Länge nach in feine breite Scheiben schneiden (Aufschnittmaschine: 1 mm) und im Salzwasser knackig kochen. Abtropfen und abkühlen lassen.

Für den Apfelkren die Äpfel schälen, halbieren und entkernen. Mit Wasser, Zucker, Zitronen-, Orangensaft weich kochen und im Mixer mit wenig Flüssigkeit dick pürieren. Den Kren unterrühren und 5 Minuten ziehen lassen. Durch ein Sieb streichen und auskühlen lassen. 1 EL Mayonnaise unterheben.

Aus den Karotten 20 Röllchen formen (Durchmesser: ca. 1,5 – 2 cm). Die Fülle in einen Spritzsack mit runder Tülle geben und die Röllchen zu drei Vierteln befüllen.

Anrichten

Die Röllchen auf Teller setzen und den Apfelkren dazugeben. Die restlichen Karottenscheiben in Form bringen und mit etwas Zucker, Salz, Zitronensaft und Olivenöl abmachen und anrichten. Mit Kräutern und Zupfsalat garnieren.

Zutaten für 4 Personen

Räucherforellen-Karottenröllchen

2 – 3 geräucherte Forellenfilets à 90 – 100 g

1 gekochte und in feine Würfel geschnittene Karotte

1 EL Petersilie, fein gehackt

2 – 3 EL Olivenöl

etwas frisch gepresster Zitronensaft, Salz, weißer Pfeffer

2 TL abgerebelter Thymian

3 Karotten, geschält

Apfelkren

2 Boskop-Äpfel, Rubinette oder Braeburn

¼ l Wasser, 2 EL Zucker, Saft von einer Zitrone und einer Orange

2 EL geriebener Kren

1 EL Mayonnaise

Fertigstellung

Zucker, Salz, Zitronensaft, Olivenöl

Kräuter und Zupfsalat zum Garnieren

KLEINES & FEINES
WARME UND KALTE VORSPEISEN 41

Krebslsalat mit Basilikum-Nussöl

Josef senior:

„Wir kochen lieber mit Fingerspitzengefühl als mit Hightech-Geräten. Auf unserem 30 Jahre alten Herd könnte wahrscheinlich kaum jemand anderes kochen."

Seppi junior:

„Einmal hat ein lieber Gast sogar behauptet, dass ein Mixer für uns schon Schnickschnack wäre."

Zubereitung

Den Solospargel vorsichtig schälen und in Wasser, Milch und etwas Zucker ca. 15 – 18 Minuten knackig kochen. Kalt abschrecken. Sollte der Spargel am unteren Ende holzig sein, diesen Teil großzügig wegschneiden. In 5 cm große Stücke teilen und danach vierteln.

Die Flusskrebse kurz in Salzwasser kochen und die Schwänze ausbrechen. Mit einer Schere den Panzer aufschneiden und das Fleisch herausholen. Mit einer Krebszange die Scheren öffnen und das Fleisch herausziehen.

Anrichten

Den Friséesalat waschen, gut abtropfen lassen und auf einem Teller anrichten.

Die Krebsschwänze und das Scherenfleisch mit 1 – 2 EL Sahne, Salz, etwas frischem Zitronensaft und 1 Schuss Olivenöl in einer Pfanne kurz erhitzen und auf dem Salat anrichten.

Den Spargel mit etwas Zitrone, Salz, Zucker und Olivenöl marinieren und zum Salat geben.

Aus den angegebenen Zutaten eine Marinade rühren und diese über den Salat geben.

Zutaten für 4 Personen

Krebslsalat

1 Friseésalat

5 Stangen Solospargel (beste Qualität)

300 ml Milch

Salz, Zucker

ca. 2 l Wasser

20 Flusskrebse

Olivenöl, Sahne, frisch gepresster Zitronensaft

Basilikum-Nussöl-Sauce

4 EL Olivenöl

2 EL Nussöl

weißer Balsamessig

Salz, Zucker, Pfeffer aus der Mühle

1½ EL Basilikum, fein gehackt

2 TL Schnittlauch, fein geschnitten

1 TL Petersilie, fein gehackt

KLEINES & FEINES
WARME UND KALTE VORSPEISEN

44 KLEINES & FEINES
WARME UND KALTE VORSPEISEN

Mit Wurzelgemüse marinierter Wolfsbarsch
und Honig-Fenchel-Mus mit Rucola-Apfel

Zutaten für 4 Personen

Fisch

400 g Wolfsbarschfilet, geschuppt, entgrätet und enthäutet

Rucola-Apfel

100 g gewaschener Rucola

1 Boskop-Apfel bester Qualität

Salz, Zucker, Olivenöl, Zitronensaft

Beize

⅛ l einfaches Öl

⅛ l Olivenöl

je 1 EL Karotten und Sellerie, fein gewürfelt

1 Lorbeerblatt, 2 Nelken

1 TL Zitronenschale, in feinen Streifen

je 1 Prise Salz und Zucker, 5 – 6 grüne Pfefferkörner

Honig-Fenchel-Mus

1 Fenchelknolle, klein geschnitten

Salz, Zucker, Zitronensaft

2 cl Pernod

weißer Pfeffer

1 EL Sauerrahm, Honig

Zubereitung

Für die Beize das Öl nur leicht erwärmen (ca. 50 °C). Gemüse und Gewürze hineingeben und einige Minuten ziehen lassen. Die noch lauwarme Flüssigkeit über das Wolfsbarschfilet gießen und auskühlen lassen. Der Fisch sollte von der Beize vollständig bedeckt sein und öfters gewendet werden. Gemüse dabei immer auf das Filet geben. Über Nacht zugedeckt in den Kühlschrank stellen.

Für das Fenchelmus den Fenchel in Wasser mit etwas Salz, Zucker und Zitronensaft weich kochen und zu einer dicken Paste im Mixer passieren. Auskühlen lassen. Mit einer Prise Salz, etwas Honig, weißem Pfeffer, 1 Schuss Pernod und Sauerrahm abschmecken und kalt stellen.

Vor dem Servieren das gebeizte Filet in dünne Scheiben schneiden und am Teller rund anrichten. Etwas von der Beize und den Gemüsewürfeln auf den Fisch geben. Das Fenchelmus mit einem kleinen Löffel oder einer Spritzflasche ebenfalls rund auf dem Teller verteilen.

Für den Rucolasalat den Apfel in feine Streifen schneiden und unter den Rucola mischen. Mit Salz, Zucker, Zitrone und Olivenöl erst kurz vor dem Anrichten marinieren. Den Salat in die Mitte des Tellers setzen.

„Einfach zu kochen bedeutet, intelligent zu kochen."

Seppi junior

46 KLEINES & FEINES
WARME UND KALTE VORSPEISEN

Mariniertes Rindsfilet tonnato mit Olivenkaviar
und Kernöl-Rapunzel-Salat

Zutaten für 4 Personen

Rindsfilet
400 g Rindsfiletstück
Salz, Pfeffer

Olivenkaviar
6 schwarze, entkernte Oliven
⅛ l Olivenöl
2 Prisen Salz
eine Messerspitze Honig

Rapunzelsalat
100 g Rapunzel
milder Weinessig, Kürbiskernöl
Salz, Zucker

Thunfisch-Creme
2 Eigelb
1 EL süßlicher Weißwein
2 TL Apfelessig
½ TL Senf
2 Sardellenfilets
200 g Thunfischstücke, in Olivenöl eingelegt
150 ml Olivenöl, kaltgepresst
Salz

Vorbereitung
Das Rindsfilet bereits am Vortag zubereiten. Dazu das Fleisch auf eine ausgebreitete Klarsichtfolie legen und straff einrollen. Im Tiefkühlfach gut durchfrieren lassen.

Zubereitung
Für den Olivenkaviar die Oliven feinst hacken und mit Öl, Salz und Honig vermengen.

Für die Thunfischcreme Eigelb, Weißwein, Essig, Senf, Sardellenfilets und Thunfischstücke im Mixer fein pürieren. Das Olivenöl langsam in die rotierende Masse laufen lassen. Die dickflüssige Sauce passieren und mit etwas Salz würzig abschmecken. Kühl stellen.

Anrichten
Das Filet 10 Minuten vor dem Anrichten aus dem Kühlfach nehmen. Auspacken und auf der Aufschnittmaschine hauchdünn schneiden. Sofort auf kalte Teller legen. Mit etwas Salz und Pfeffer würzen. Olivenkaviar am Rindsfilet verteilen. Rundherum die Thunfischsauce dünn auftragen. Den Rapunzelsalat marinieren und mittig auf die Filetscheiben platzieren.

Josef senior:

„Als Kind habe ich den Seppi nie gezwungen, in der Küche zu helfen."

Seppi junior:

„Nein, viel subtiler. Du hast jeden Sonntag gefragt: ‚Steigst mit ein?'"

Honig-Entenbrüstl mit Paprika-Specklinsen und Wiesenkräutern

Zubereitung

Paprika schälen, halbieren, entkernen und in 1 cm kleine Rhomben schneiden. Kurz überkochen, kalt abschrecken und abtropfen lassen.

Grüne und rote Linsen separat kochen, bis sie weich sind. Kalt abschrecken und abtropfen lassen.

Die Hautseite der Entenbrust schröpfen und mit Salz sowie Pfeffer würzen.

Paprika-Rhomben mit etwas Zitronen- und Orangensaft, Salz, Zucker und Olivenöl marinieren und auf einem Teller anrichten.

Zweierlei Linsen mischen, mit Olivenöl, Salz, weißem Balsamessig und 1 – 2 Prisen Zucker mild marinieren. In gewünschter Form auf die Teller bringen.

Entenbrüstl mit der Hautseite scharf anbraten, wenden, mit etwas Honig bestreichen und mit gehackten Kräutern bestreuen. Wenn beide Seiten angebraten sind, ca. 4 – 5 Minuten ins vorgeheizte Rohr bei 200 °C schieben.

Inzwischen die Speckstreifen knusprig anbraten, mit Küchenpapier entfetten und zu den Linsen am Teller anrichten. Die Entenbrüstl aus dem Rohr nehmen, 2 – 3 Minuten rasten lassen, danach in dünne Scheiben schneiden. Auf den Teller geben und mit der Orangen-Himbeeressig-Marinade beträufeln. Mit Kräutern garnieren.

> *„Kochen bedeutet Leidenschaft – ein Leben lang."*
>
> *Josef senior*

Zutaten für 4 Personen

Entenbrüstl
- 4 Entenbrüstl à 100 – 120 g
- Salz, Pfeffer, Honig
- gehackte Kräuter (Rosmarin, Thymian)
- 2 EL hitzebeständiges Öl

Paprika
- je ein roter und gelber Paprika
- je ½ gepresste Zitrone und Orange
- Salz, Zucker, Olivenöl

Specklinsen
- 2 – 3 EL rote Linsen
- 2 – 3 EL grüne oder braune Linsen
- Olivenöl, Salz, Zucker
- weißer Balsamessig
- 3 – 4 EL Bauchspeck, in feine Streifen geschnitten

Wiesenkräuter
- 100 g Gundelrebe, Röhrlsalat, junge Brennnessel, Sauerampfer, Kresse oder andere Kräuter

Marinade
- Saft von 1 Orange
- 1 EL Himbeeressig
- 2 EL Olivenöl bester Qualität
- 1 Prise Zucker

KLEINES & FEINES
WARME UND KALTE VORSPEISEN 49

Zart gebratene Lavendel-Entenleber
auf geschmortem Trevisiano, Ingwer-Apfel und Honigschaum

Zubereitung

Für die Sauce die Grundsauce mit Salz, Honig, Lavendel und einem Schuss Portwein etwas reduzieren. Wenn nötig, mit etwas weißer Einbrenn binden.

Für den Honigschaum Milch, Sahne, Rindssuppe, Honig, Salz und etwas weißen Pfeffer aufkochen. Ca. ½ EL weiße Einbrenn einstreuen. 2 Minuten weiterkochen und mit einem Stabmixer gut mixen.

Für den Ingwer-Apfel das Wasser mit Zucker, Zitronensaft, Nelken sowie mit einem kleinen Stück geschälter und in Scheiben geschnittener Ingwerwurzel aufkochen. Äpfel schälen und mit einem Kugelausstecher Kugeln ausstechen, in das kochende Ingwerwasser geben und kurz überkochen. Die Äpfel sollten nicht zu weich sein. Vom Herd nehmen und in eine Glasschüssel füllen.

Für den Schmor-Trevisiano die äußeren Blätter, wenn nötig, entfernen. In 3 x 3 cm kleine Stücke schneiden und im kalten Wasser kurz waschen. Das nimmt dem Trevisiano ein wenig die Bitterkeit. Die Blätter mit einem Küchentuch sanft trocknen. In einer Pfanne etwas Olivenöl erhitzen, den Trevisiano dazugeben und mit Salz, einer Prise Zucker, Honig, Pfeffer und einem Schuss Balsamessig würzen. Ca. 1 Minute am Herd schmoren lassen, Wasser abgießen und auf die bereitgestellten Teller rund anrichten und mit Olivenöl beträufeln. Den Ingwer-Apfel seitlich platzieren. Den Honigschaum warm stellen.

Die Entenleber mit Pfeffer und frisch gehackten Kräutern würzen. Die Pfanne mit Butter oder Olivenöl leicht erhitzen und die Entenleber beidseitig kurz anbraten. Erst vor dem Servieren salzen.

Anrichten

Auf den Schmor-Trevisiano setzen und mit Röstspeck garnieren. Mit aufgeschlagenem Honigschaum umgießen, die Leber mit der Lavendelsauce nappieren.

Zutaten für 4 Personen

Entenleber

300 g (à 50 – 60 g) frische Entenleber, sauber pariert (Haut und Nerven entfernt)

Salz, Pfeffer aus der Mühle

1 EL frisch gehackter Rosmarin, Lavendel und Thymian

Butter oder mildes Olivenöl für die Pfanne

Sauce

200 ml braune Grundsauce, siehe Seite 205

Salz, Honig, Lavendelzweig

1 Schuss Portwein

etwas weiße Einbrenn zum Binden, siehe Seite 204

Trevisiano

2 Köpfe Radicchio Trevisiano

Salz, Zucker, schwarzer Pfeffer aus der Mühle

2 TL Honig

Balsamessig dunkel, Olivenöl

Ingwer-Apfel

2 Boskop-Äpfel, Rubinette oder Braeburn

¼ l Wasser, 2 EL Zucker

Saft einer ½ Zitrone

3 Nelken, 1 Stück Ingwerwurzel

Honigschaum

100 ml Milch

100 ml Sahne

100 ml Rinds- oder Gemüsesuppe, Gemüsefond oder Wasser

2 TL Honig, etwas Salz, weißer Pfeffer

etwas weiße Einbrenn zum Binden

Fertigstellung

4 Scheiben Röstspeck

KLEINES & FEINES
WARME UND KALTE VORSPEISEN 51

KLEINES & FEINES

Carpaccio von der Gänseleber
mit Apfel-Radicchio-Salat

Zutaten für 4 Personen

Gänseleber

350 g große, helle Freiland-Gänseleber

100 ml trockener Rotwein

50 ml Portwein

100 ml Olivenöl

etwas Rosmarin

1 EL Honig

Salz, Pfeffer aus der Mühle

Radicchiosalat

200 g Radicchio

1 fester, saftiger Apfel (Rubinette, Boskop oder Braeburn)

Salz, Zucker, Olivenöl, weißer Balsamessig

Marinade

4 cl Cassis-Essig

4 cl Olivenöl, extra vergine

Saft einer ½ Orange

1 Prise Salz, 1 Prise Zucker

Fertigstellung

Kerbel oder andere frische Kräuter

Vorbereitung

Die Leber parieren, das heißt, alle Häute und Nerven sorgfältig entfernen, in eine Schüssel legen und in einer Mischung aus Olivenöl, Rotwein, Portwein, Honig, Salz, Pfeffer und einem frischen Rosmarinzweig einen Tag an einem kühlen Ort marinieren. Die Leber muss von der Marinade ganz bedeckt sein und sollte einige Male gewendet werden.

„Auf dem Bauernmarkt in Graz ruft ein altes Weiblein jedes Mal schon von Weitem: ‚Da kommt der Herr von hinter der Pack'."

Josef senior

Zubereitung

Aus Cassis-Essig, Olivenöl, Orangensaft, Salz und Zucker eine zweite Marinade rühren.

Radicchiosalat halbieren und den Strunk herausschneiden. In feine Streifen schneiden. Apfel schälen, entkernen und ebenfalls in feine Streifen schneiden.

Leber aus der Marinade nehmen, abtrocknen und in feine Scheiben schneiden. Auf die Teller legen und leicht mit der Marinade beträufeln. Wichtig: Die Leber erst kurz vor dem Anrichten aufschneiden.

Anrichten

Apfel- und Salatstreifen mischen, mit etwas Salz, Zucker, Olivenöl und weißem Balsamessig abmachen. Den Salat in der Tellermitte platzieren oder lose über die Leber geben. Etwas Pfeffer aus der Mühle darübergeben und mit frischen Kräutern servieren.

54 KLEINES & FEINES
WARME UND KALTE VORSPEISEN

Mit Orangenöl marinierte Rote Rüben, Kohlrabi-Julienne und leicht geröstete Scampi

Zutaten für 4 Personen

Scampi

- 20 Scampi
- Olivenöl, mild
- Salz, Pfeffer, Zitrone
- 1 – 2 EL Lauch, fein gewürfelt
- 1 TL Knoblauch, feinst gehackt
- 1 EL Petersilie, gehackt

Rüben

- 2 Rote Rüben, gekocht und geschält
- Saft von 1 Orange, 1 El frischer Zitronensaft
- 2 – 3 EL Olivenöl
- etwas Zucker, Salz
- 1 TL Himbeeressig

Kohlrabi

- 2 Kohlrabi, geschält und in Julienne geschnitten
- Salz, Zucker
- Olivenöl
- weißer Traubenessig

Fertigstellung

- frische Kräuter
- Olivenöl, extra vergine

Zubereitung

Die Scampi mit einer passenden Schere aufschneiden und ausbrechen. Den Rücken 2 – 3 mm längs in der Mitte einschneiden und den Darm herausziehen. Mit Salz, Pfeffer und Zitrone würzen.

Die ausgekühlten Roten Rüben in feine Scheiben schneiden und auf einem nicht oxidierenden Blech auflegen.

Aus Orangensaft, Zitronensaft, Olivenöl, 1 TL Zucker, etwas Salz und Himbeeressig eine Marinade rühren und die Rüben darin einlegen.

Die Kohlrabi-Julienne mit Salz, etwas Zucker, weißem Traubenessig und Olivenöl mild marinieren.

Die Rote-Rüben-Scheiben in der Mitte der Teller rund auflegen. Die Kohlrabi-Julienne auf den Rüben anhäufen. Etwas Orangen-Marinade auf die Rüben fließen lassen.

Die Scampi mit Olivenöl in einer heißen Pfanne leicht rösten, Lauch, Knoblauch und Petersilie dazugeben und mehrmals schwenken. Nochmals mit etwas Zitrone beträufeln und rund um den Rüben-Kohlrabi-Salat anrichten.

Etwas Olivenöl um das Gericht ziehen. Mit Wiesen- oder Gartenkräutern verfeinern.

Seppi junior:

„Im letzten Jahr haben wir wieder unseren Birnenschnaps am 26. Oktober gebrannt."

Josef senior:

„Am Tag der Fahne!"

Honigwachteln auf Orangen-Zimt-Preiselbeeren

mit marinierter Entenleber und glacierten Kastanien

Zutaten für 4 Personen

Entenleber

200 g Freiland-Entenleber

Salz, Pfeffer, 1 EL Honig

etwas Rosmarin

50 ml Portwein

100 ml trockener Rotwein

100 ml Olivenöl

Wachteln

4 Wachteln, ausgelöst

Salz, Pfeffer, 1 EL gehackter Rosmarin

Öl zum Braten

Orangen-Zimt-Preiselbeeren

100 g frische Preiselbeeren

Saft von 1 Orange

Zeste einer ½ Orange

2 EL Honig

1 Prise Zimt oder ½ Zimtstange

4 cl roter Portwein

½ EL Maisstärke, mit etwas Wasser angerührt

Kastanien

ca. 12 – 15 Kastanien, geschält und überkocht, 200 ml Wasser, 2 – 3 EL Zucker, ½ Zimtstange

Honig, Butter

Marinade

4 cl Himbeeressig

4 cl Olivenöl, extra vergine

Saft von ½ Orange

1 Prise Salz und Zucker

Sauce

200 ml braune Grundsauce, siehe Seite 205

Salz, Honig, Lavendelzweig, 1 Schuss Portwein, etwas weiße Einbrenn

Vorbereitung

Die Leber parieren - alle Häute und Nerven sorgfältig entfernen. In eine Schüssel legen und in einer Mischung aus Olivenöl, Rot- und Portwein, Honig, Salz, Pfeffer und einem frischen Rosmarinzweig 24 Stunden an einem kühlen Ort marinieren. Die Leber muss von der Marinade ganz bedeckt sein und sollte einige Male gewendet werden.

Zubereitung

Für die Sauce die Grundsauce mit Salz, Honig, Lavendel und dem Schuss Portwein etwas einreduzieren. Wenn nötig, mit etwas weißer Einbrenn binden.

Für die Preiselbeeren Orangensaft, Honig, Zimt und Portwein aufkochen und Orangenzesten zufügen. Mit angerührter Maisstärke sämig, aber nicht zu dick binden. Preiselbeeren dazugeben und in ein Glas füllen.

Geschälte Kastanien mit Wasser, Zucker und Zimtstange weich kochen. Vorsicht: Sie zerfallen sehr schnell, wenn sie zu weich sind. Vom Herd nehmen.

Aus Himbeeressig, Olivenöl, Orangensaft, Salz und Zucker eine Marinade herstellen.

Wachteln mit Salz, Pfeffer und gehacktem Rosmarin würzen. Preiselbeeren in der Mitte der Teller rund anrichten. Pro Portion zwei Scheiben marinierte Entenleber darangeben. Öl in der Pfanne erhitzen und die Wachteln resch beidseitig anbraten. Zur Seite stellen.

Kastanien aus dem Wasser nehmen und mit etwas Butter und Honig in einer Kasserolle glacieren. Rechts und links der Preiselbeeren anrichten. Über die Entenleber und die Kastanien ein wenig Marinade ziehen.

Wachtel auf die Preiselbeeren setzen und mit der vorher erwärmten Lavendelsauce nappieren.

KLEINES & FEINES
WARME UND KALTE VORSPEISEN

Salat von frischen Thymian-Zitronen-Artischocken

mit mild gebratenem Kärntner Låxn, Krenparadeisern und Naturjoghurt

Zubereitung

Die äußeren Blätter der Artischocken großzügig entfernen, bis die hellen Blätter zum Vorschein kommen. Die oberen Blattspitzen mit einem scharfen Messer abschneiden. Dann den noch verbleibenden Teil des Stiels mit einem Gemüsemesser schälen. Er ist zart und aromatisch. Die vorbereiteten Artischocken in 1 l kochendes Wasser mit Zucker, Salz und etwas Zitronensäure geben. Ca. 8 Minuten kochen lassen und kalt abschrecken. Halbieren und das Heu mit einem Löffel entfernen. Die Hälften in je drei Teile schneiden.

Naturjoghurt mit Zucker, Salz und etwas Zitrone abschmecken und kalt stellen.

Für die Krenparadeiser die Tomatenwürfel mit etwas Salz, Pfeffer, Zucker, Kren, einem Schuss Traubenessig und Olivenöl marinieren.

Die zarten Artischockenstücke mit Olivenöl, Salz, Zucker und frischem Zitronensaft abmachen und mit gerebeltem Thymian würzen. Ca. 5 Minuten ziehen lassen.

Fischfilets mit Salz und Pfeffer würzen und in Olivenöl mit einem Rosmarinzweig scharf anbraten und mit Zitrone beträufeln.

Anrichten

Naturjoghurt und Krenparadeiser am äußeren Rand des Tellers platzieren. Das Filet in die Mitte des Tellers geben und mit den marinierten Artischocken garnieren. Sofort servieren.

Zutaten für 4 Personen

Fisch

4 Kärntner Låxn (Seeforelle), Filets à 100 g

Salz, Pfeffer, Zitrone, Olivenöl

1 Rosmarinzweig

Thymian-Zitronen-Artischocken

2 mittelgroße Artischocken

1 l Wasser

2 EL Zucker

Salz, etwas Zitronensäure

zum Marinieren: Olivenöl, Salz, Zucker und Saft einer ½ Zitrone, frischer Thymian

Krenparadeiser

3 reife Paradeiser, geschält, entkernt und in kleine Würfel geschnitten

Salz, Pfeffer, Zucker

½ EL geriebener Kren

Traubenessig und Olivenöl

Naturjoghurt

1 Becher Naturjoghurt mit 3,6 %

1 TL Zucker, etwas Salz, etwas gepresste Zitrone

WARME UND KALTE VORSPEISEN

60 KLEINES & FEINES
WARME UND KALTE VORSPEISEN

Rondell vom weißen und grünen Lavanttaler Spargel auf Scampi-Carpaccio

Zutaten für 6 Personen

Scampi-Carpaccio

12 Scampischwänze

Salz, Pfeffer, Zitronenthymian

Saft ½ Zitrone

Wurzelöl

Schale ½ Zitrone, etwas Zucker

Olivenöl extra vergine

1 EL Karottenbrunoise

1 EL Selleriebrunoise

Spargel

6 Metallringe mit 3,5 bis 4 cm Durchmesser, Backpapier

10 Stangen weißer Spargel

10 Stangen grüner Spargel, nicht zu dünn

Salz, Zucker

ca. 1/8 l Milch

Spargelmousse

300 g Bruchspargel, geschält, in kleine Stücke geschnitten

Salz, Zucker, etwas Honig

3,5 Bl Gelatine, eingeweicht

100 ml Sahne, nicht zu fest geschlagen

Marinade Spargelsalat

etwas Salz und Zucker

4 cl intensives Olivenöl

½ Zitrone

Zubereitung

Für das Wurzelöl die Karotten- und Selleriewürfelchen in eine Kasserolle geben, mit Olivenöl bedecken, 1 – 2 TL Zitronenschale, etwas Zucker und Salz dazugeben und leicht erwärmen. Beiseite stellen.

Die Scampischwänze aus der Schale brechen, am Rücken 2 mm tief einschneiden und den Darm herausziehen. Auf ein Blech legen und 2 – 3 Stunden durchfrieren lassen.

6 Metallringe mit Backpapierstreifen ca. 4 cm hoch auslegen.

Weißen und grünen Spargel schälen und und in einem Topf mit Wasser, Salz, Zucker und etwas Milch ca. 10 – 14 Minuten gar kochen. Den grünen Spargel für den Salat bereits nach 5 – 8 Minuten herausnehmen, da er schneller gar wird als der weiße Spargel. Grünen Spargel kalt abschrecken. Den weißen Spargel fertig kochen, ebenfalls kalt abschrecken, halbieren und in ca. 5 cm lange Stücke schneiden.

Für die Spargelmousse den Topf noch einmal mit Wasser auffüllen und den Bruchspargel weich kochen. Im Küchenmixer mit sehr wenig Kochwasser dick pürieren. 300 ml pürierten Spargel mit Salz, Zucker und etwas Honig abschmecken. Gelatine-Blätter gut ausdrücken und im pürierten, noch heißen Spargel auflösen. Auskühlen, aber nicht stocken lassen. Die Metallringe mit Spargel kronenförmig auslegen. Den pürierten Spargel mit der Sahne vermengen und ca. 3 cm hoch in die Ringe füllen. 2 – 3 Stunden gut durchkühlen lassen.

Für den Spargelsalat den grünen Spargel mit Salz, Zucker, Olivenöl und frisch gepresster Zitrone abmachen.

Anrichten

Die Scampischwänze mit einer Aufschnittmaschine dünn aufschneiden und in einem Kreis mittig auf die Teller legen. Mit Salz, Pfeffer, Zitrone, frischem Thymian würzen und mit dem Wurzelöl beträufeln. Das Rondell von Spargel aus den Formen nehmen und in die Tellermitte setzen. Mit grünem Spargelsalat und frischen Kräutern garnieren.

62 KLEINES & FEINES
WARME UND KALTE VORSPEISEN

Zart gebratenes Lavendel-Reh mit Frühkirschen und Marillen-Tomaten

Zutaten für 4 Personen

Reh

ca. 250 g Rehrücken, ausgelöst, fein zugeputzt

Salz, Pfeffer

1 EL klein gehackter Lavendel

Öl zum Braten

100 g Kirschen, entkernt

200 ml Läuterzucker

Läuterzucker

200 ml Wasser, 3 EL Zucker, ½ gepresste Zitrone, 2 Nelken (aufkochen und 3 – 4 min kochen lassen)

Marillen-Tomaten

6 Marillen

4 Tomaten, geschält und in 8 mm dünne Scheiben geschnitten

Salz, Zucker, Olivenöl

Weißweinessig

1 Zitrone

Sauce

100 ml Rotwein

50 ml Bouillon

1 TL gestampfte Wacholderbeeren

Salz, Pfeffer, etwas Honig

1 Lavendelzweig

Fertigstellung

Kräuter zum Garnieren

Zubereitung

Die Kirschen mit 200 ml heißem Läuterzucker übergießen und beiseitestellen.

Marillen halbieren, Kern herausnehmen und kurz in kochendes Wasser tauchen. Anschließend in kaltes Wasser geben und die Haut vorsichtig abziehen. Mit einer runden Ausstechform die Ränder entfernen und auf einem Teller mit etwas Zitronensaft, Salz und Olivenöl marinieren.

Die Tomatenscheiben mit einer Ausstechfigur formen und auf einem Teller mit etwas Salz, Zucker, Weißweinessig und Olivenöl marinieren.

Für das Reh das Fleisch mit Salz, Pfeffer und Lavendel würzen und in der Pfanne mit etwas Öl beidseitig resch anbraten. Für ca. 3 – 4 Minuten in den vorgewärmten Ofen (Ober- und Unterhitze) schieben. Nun das Öl abgießen und die verbleibenden Bratrückstände mit Rotwein, Bouillon, den gestampften Wacholderbeeren und dem Lavendelzweig reduzieren. Durch ein Sieb streichen und mit Salz, Pfeffer und etwas Honig würzen.

Anrichten

Die Marillenhälften auf den Tomatenscheiben platzieren und am äußeren Tellerrand anrichten. Mit Majoran und Oreganoblatt belegen. Die Kirschen abtropfen lassen und dazulegen. Die Rehfilets in dickere Scheiben schneiden und am Teller mittig anrichten. Mit etwas Sauce und Olivenöl nappieren.

„Wir haben im Werk den Lohn gefunden."

Josef senior

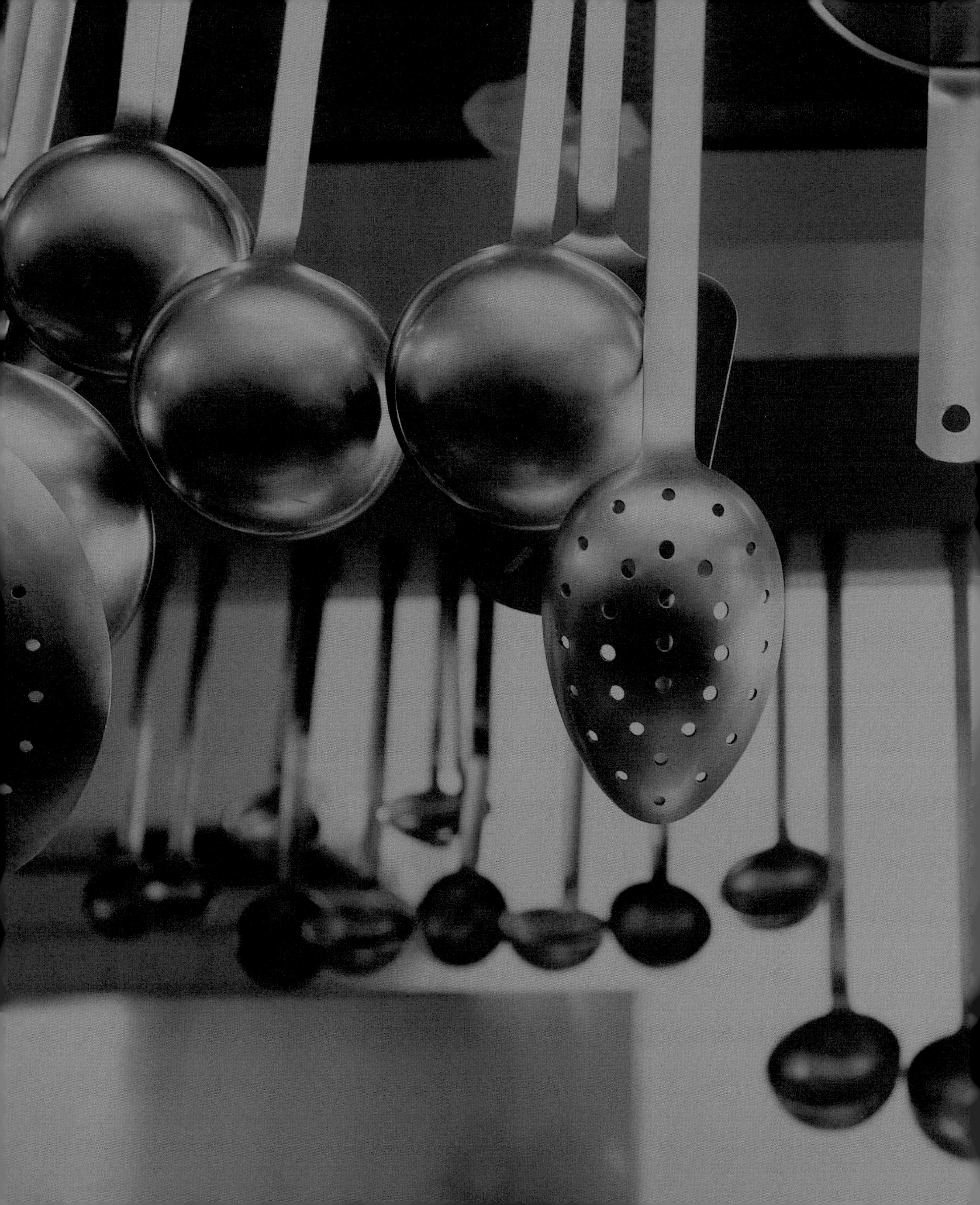

SUPPEN
Tradition, die von innen wärmt

66 SUPPEN
TRADITION, DIE VON INNEN WÄRMT

Geeiste Buttermilch-Gurken-Schaumsuppe

mit gebeizter Kaiserforelle

Zutaten für 4 Personen

Kaiserforelle

200 g Kaiserforellenfilet

Salz, weißer Pfeffer, Zitrone, frischer Thymian

Gurkensuppe

1 große Salatgurke

350 ml Buttermilch

180 ml Mineralwasser

1 EL Sauerrahm

Salz, Zucker, frische Minzblätter

Zubereitung

Die Kaiserforelle in 3 – 4 mm dünne Scheiben schneiden. Mit Salz, weißem Pfeffer, etwas Zitrone und frischem Thymian ca. eine Viertelstunde beizen.

Für die Gurkensuppe die Salatgurke schälen, halbieren und mit einem Löffel entkernen. In kleine Stücke schneiden und mit der Buttermilch, dem Mineralwasser, dem Sauerrahm und den Minzblättern im Küchenmixer fein pürieren. Mit Salz und etwas Zucker abschmecken. 1 Stunde gut kühlen.

Anrichten

Die Kaiserforellenscheiben am unteren Rand des Tellers anrichten. Die geeiste Buttermilch-Gurken-Suppe mit einem Stabmixer schaumig aufschlagen und in kleine Suppenschalen gießen. Am Teller platzieren und servieren. Eventuell mit gesüßten Radieschen garnieren.

Seppi junior:

„Wir mögen kein Häppchen-Essen. Deshalb lautet unsere Philosophie: ‚Hungrig geht bei uns niemand raus.'"

Josef senior:

„Satt sein, aber nicht platzen."

68 SUPPEN
TRADITION, DIE VON INNEN WÄRMT

Tomatensuppe »natur« mit Schafkäs-Pofesen

Zutaten für 4 Personen

Tomatensuppe

500 g reife Tomaten

1 Knoblauchzehe, geschält und fein gehackt

50 g Zwiebelbrunoise

100 g Stangensellerie, geputzt und in kleine Stücke geschnitten

3 EL Olivenöl

4 Lorbeerblätter, 2 – 3 Liebstöckelblätter, einige Basilikumblätter

1 EL Tomatenmark

1 – 2 EL Zucker, Salz, frisch gemahlener Pfeffer

½ EL Zitronenzesten

¾ l Wasser

Schafkäs-Pofesen

150 g frischer Schaftopfen

6 Toastbrotscheiben

Basilikumblätter

frisch gerebelter Thymian

etwas Mehl

5 Eier

2 EL frischer Parmesan, gerieben

Öl zum Backen

Salz und Pfeffer

Zubereitung

Für die Suppe die Tomaten waschen, vom Stielansatz befreien und in Stücke schneiden. Olivenöl in einem Topf erhitzen, darin Zwiebel und Knoblauch hell anschwitzen. Tomaten und Stangensellerie dazugeben. Mit ¾ l Wasser aufgießen. Lorbeer, Liebstöckel, Basilikum und Tomatenmark zugeben. Mit 1 – 2 EL Zucker, etwas Salz, frisch gemahlenem Pfeffer und den Zitronenzesten abschmecken. Ca. 20 Minuten leicht köcheln lassen, bis ca. ein Drittel der Flüssigkeit verkocht ist. Die Suppe fest durch ein mittleres Sieb drücken, damit so viel wie möglich vom Fruchtfleisch der Tomaten mitpassiert wird. Wenn notwendig, mit Salz, Pfeffer und Zucker nachwürzen. Nach dem Anrichten ein paar Tropfen hochwertiges Olivenöl in die Suppe träufeln lassen.

Für die Schafkäs-Pofesen den Schaftopfen mit gehackten Basilikumblättern, Thymian, etwas Salz und Pfeffer würzen. Mit einem Löffel locker durchmischen und damit 3 Toastbrotscheiben ca. 1 cm hoch bestreichen und mit den 3 verbleibenden Brotscheiben abdecken. Die Eier mit dem frisch geriebenen Parmesan mischen. Die gefüllten Toastbrote in Mehl wenden und beidseitig in die Ei-Parmesan-Masse tauchen. Die Pofesen langsam in heißem Öl goldgelb backen. Auf einem Küchenpapier abtropfen lassen und diagonal vierteln.

Schaumsuppe von Roten Rüben und Kren-Grießnockerln

Zubereitung

Für die Suppe die Rüben waschen und in einem Topf mit Wasser bedeckt ca. 1 Stunde sehr weich kochen. Rüben schälen, in kleine Stücke schneiden und mit etwas heißem Wasser dickflüssig im Küchenmixer pürieren.

Für die Kren-Grießnockerln alle Zutaten gut zu einer schönen Masse verarbeiten. Die Produkte sollten Zimmertemperatur haben, wobei die Butter sehr weich sein kann. Mit einem Kaffeelöffel kleine Nockerln formen. Die Masse kurz ziehen lassen, damit sie etwas fester wird. Nun in reichlich siedendem Salzwasser 10 Minuten im zugedeckten Topf kochen lassen. Vom Herd nehmen und zugedeckt ca. 15 Minuten nachziehen lassen. Die Nockerln vorsichtig mit einem kleinen Sieblöffel aus dem Wasser heben.

500 ml vom dickflüssig pürierten Rübenmark in eine passende Kasserolle geben und mit 300 ml Wasser, Milch und Sahne vermengen. Aufkochen lassen und mit Salz, Honig und weißem Pfeffer abschmecken.

Anrichten

Die Kren-Grießnockerln in vorgewärmte Suppenteller legen und mit schaumig aufgemixter Rübensuppe umgießen. Zum Schluss feine Krenspäne darüberstreuen.

Zutaten für 4 Portionen

Rote-Rüben-Suppe

2 mittelgroße Rote Rüben
(für 500 ml passierte Rote Rüben)

300 ml Wasser

250 ml Milch

100 ml Sahne

Salz, Honig, weißer Pfeffer

Kren-Grießnockerln
(ca. 10 Stück)

1 Ei (ca. 50 g)

50 g Butter

100 g Grieß

Salz, Muskat

1 EL frisch geriebener Kren

Josef senior:

„Kochen ist eine Kunst."

Seppi junior:

„Genießen auch."

SUPPEN
TRADITION, DIE VON INNEN WÄRMT

Schaumsuppe von der Knollensellerie
mit Walnuss-Apfel-Ravioli

Zubereitung

Für den Nudelteig alle Zutaten miteinander verkneten, bis ein fester, elastischer Teig entsteht. In Folie einschlagen und 2 Stunden kalt stellen. Danach kann er zu jeder Pasta verarbeitet werden.

Für die Fülle die Walnüsse fein hacken und kurz in Butter anschwitzen. Mit Mascarpone verrühren und mit Salz, Pfeffer und etwas Zucker abschmecken. Die kleinen Apfelwürfel beigeben. Kühl stellen.

Den Teig mit dem Nudelholz auf einer bemehlten Arbeitsfläche dünn ausrollen, ca. 1 – 2 mm und in 4 horizontale Streifen schneiden. (Höhe: ca. 10 – 12 cm). In einem Abstand von 4 – 5 cm je 1 TL der Fülle draufsetzen. Den Teig am unteren Rand und zwischen der Fülle mit Wasser bepinseln. Den Teig von oben nach unten überlappen und rund um die Füllung fest andrücken. Die Pasta mit einem Ravioli-Ausstecher ausstechen.

Für die Suppe den Sellerie in kleine Stücke schneiden und mit Wasser bedeckt weich kochen. Im Küchenmixer dickflüssig mit Kochwasser pürieren. In eine Kasserolle 500 ml von der Masse geben und mit Wasser oder Suppe sowie Milch und Sahne vermengen. Aufkochen lassen und mit Salz, Pfeffer und etwas Zucker abschmecken.

Walnuss-Apfel-Ravioli in reichlich siedendem Salzwasser ca. 2 – 3 Minuten kochen lassen und danach in die Pfanne geben und in brauner Butter schwenken. Frischen Parmesan darüberreiben.

Anrichten

Ravioli am Teller mittig anrichten und mit schaumig aufgemixter Selleriesuppe umgießen.

Zutaten für 4 Personen

Sellerie-Suppe

1 kleinere Sellerieknolle, geschält

300 ml Wasser oder Rindssuppe

200 ml Milch

100 ml Sahne

Salz, Pfeffer, Zucker

Nudelteig

200 g glattes Mehl

50 g Mehl griffig

3 Eier

2 TL Olivenöl

1 Prise Salz

Wallnuss-Apfel-Fülle

50 g Walnüsse

30 g Butter

150 g Mascarpone

Salz, Zucker, Pfeffer

2 EL Apfelwürfel, klein geschnitten

Fertigstellung

1/8 l braune Butter

frisch geriebener Parmesan

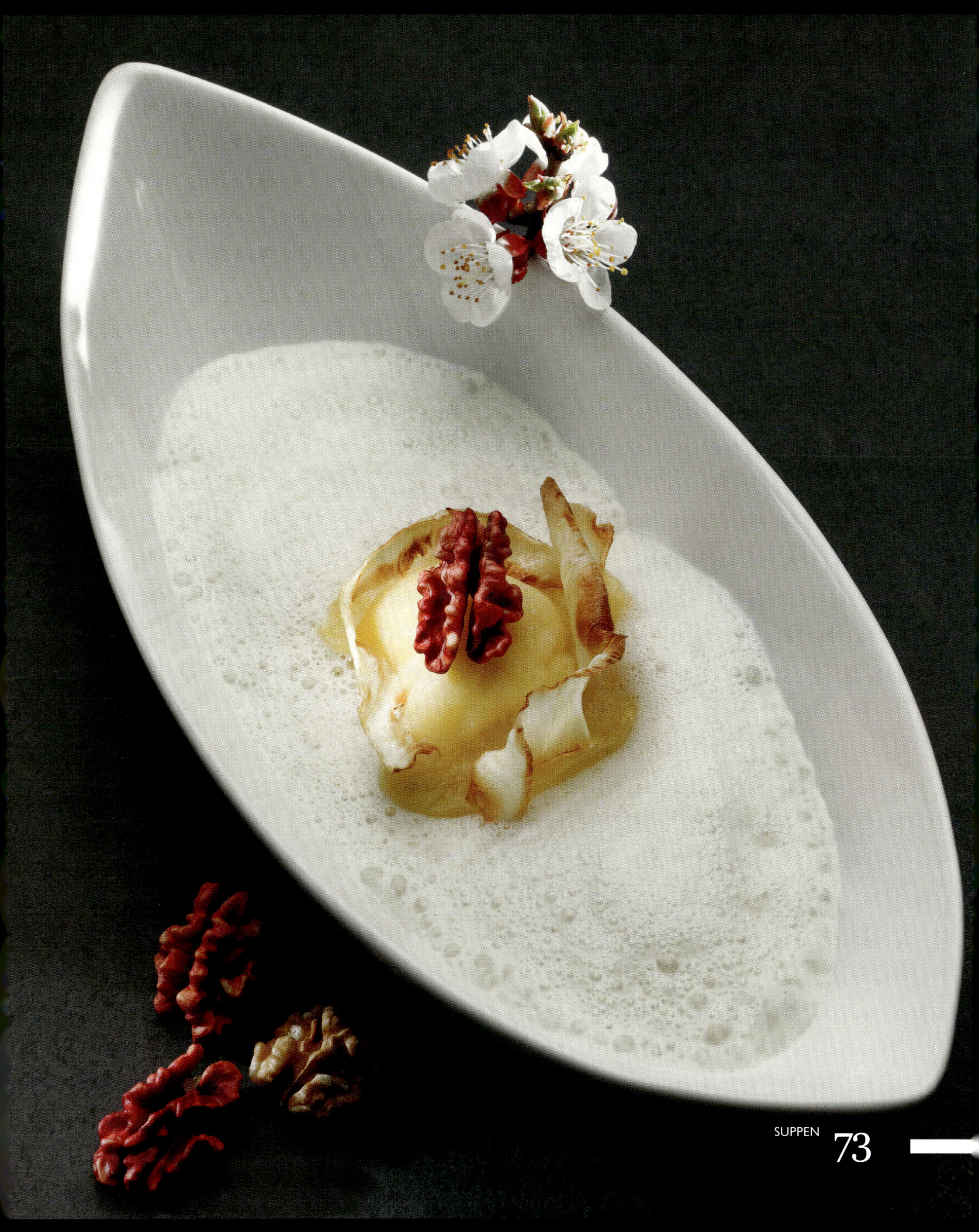

74 SUPPEN
TRADITION, DIE VON INNEN WÄRMT

Cremesuppe vom roten und gelben Paprika
mit Räucherforellen-Verhackertem

Zutaten für 4 Personen

Paprikasuppe

je 2 rote und gelbe Paprika

ca. 300 ml kochendes Wasser für die Paprika

250 ml Rinds- oder Gemüsesuppe

200 ml Milch

3 EL Sahne

Salz, Pfeffer, Zucker

1 kleiner Rosmarinzweig, 1 Lorbeerblatt

Verhackertes

2 – 3 geräucherte Forellenfilets à 90 – 100 g

1 roter Paprika, geschält und in kleine Würfel geschnitten

1 TL Rosmarin, fein gehackt

1 – 2 EL mildes Olivenöl

Salz, Pfeffer aus der Mühle, ½ EL gehacktes Kerbelkraut

etwas frisch gepresster Zitronensaft

Fertigstellung

in der Pfanne knusprig gebratene Räucherforellenhaut

Zubereitung

Die roten und gelben Paprika halbieren, entkernen und zusammen mit dem Rosmarinzweig und dem Lorbeerblatt im Wasser weich kochen. Rosmarin und Lorbeer entfernen und die Paprika mit etwas Kochsud dickflüssig pürieren. Rindssuppe oder Gemüsefond, Milch und Sahne beigeben, mit Salz, Pfeffer und etwas Zucker würzen und aufkochen. Mit dem Stabmixer schaumig rühren.

Für das Räucherforellen-Verhackerte die Paprikawürfel blanchieren und kalt abschrecken. Die Haut der Forellenfilets abziehen und den Fisch feinst hacken. Mit Paprikawürfeln, Rosmarin, Olivenöl und dem gehackten Kerbelkraut vermischen. Danach mit etwas Zitronensaft, Salz und Pfeffer abschmecken.

Anrichten

Ca. 1 EL vom Verhackerten in runde Ausstecher füllen (Durchmesser: 3,5 cm) und in die Mitte der vorgewärmten Suppenteller setzen. Die knusprig gebratene Forellenhaut in das Räucherforellen-Verhackerte stecken. Mit schaumig aufgemixter Paprikasuppe umgießen.

Seppi junior:

„Zehn Jahre lang hat Vater sämtliche Suppen von mir nachgewürzt."

Josef senior:

„Und jetzt würdest du am liebsten bei mir nachwürzen."

76 SUPPEN
TRADITION, DIE VON INNEN WÄRMT

Samtsuppe vom jungen Bärlauch
mit Limonen-Bröselknöderln

Zutaten für 4 Personen

Bärlauchsuppe

2 Bund Bärlauch

300 ml Milch

100 ml Sahne

200 ml Wasser

Salz, Zucker, 1 EL weiße Einbrenn

Bröselknöderln (ca. 15 kleine Knöderln)

125 g frisches Weißbrot ohne Rinde

45 g handwarme Butter

60 g Puderzucker

Abrieb von 1 Limone

1 Dotter (20 g)

2 Eier (100 g)

2 EL frisch geriebener Parmesan

1 gehäufter EL Grieß

350 g loser Topfen

2 EL Mehl

Salz

1 Rosmarinzweig

Zum Schwenken

Pfanne mit etwas brauner Bröselbutter und klein gehacktem Bärlauch

Zubereitung

Für die Knöderln das Weißbrot in kleine Würfel schneiden. Butter mit Puderzucker schaumig schlagen, abgeriebene Limonenschale und 1 Prise Salz hinzugeben und alles gründlich verrühren. Dann nach und nach das Eigelb und die Eier einrühren. Parmesan, Grieß und Topfen unterschlagen. Zum Schluss die Brotwürfel und das Mehl unterheben und kurz im Kühlschrank ruhen lassen.

In einem großen Topf reichlich Wasser mit etwas Salz und dem Rosmarinzweig zum Sieden bringen. Aus der Topfenmasse Knöderln in der Größe eines halben Esslöffels formen und ins Wasser legen. Alles noch einmal aufkochen lassen, dann den Deckel auf den Topf setzen und vom Herd nehmen. Zugedeckt 12 – 15 Minuten ziehen lassen.

Für die Suppe den Bärlauch waschen und klein schneiden. Mit Milch, Sahne, Wasser, Salz, etwas Zucker und ca. 1 EL Einbrenn aufkochen und im Küchenmixer feinst zerkleinern. Durch ein grobes Sieb streichen und noch einmal abschmecken.

Eine Pfanne mit etwas brauner Bröselbutter und kleingehacktem Bärlauch erhitzen, die Knöderln darin schwenken und in die vorgewärmten Suppenteller geben. Die Bärlauchsuppe mit einem Stabmixer aufschäumen und in die Teller gießen.

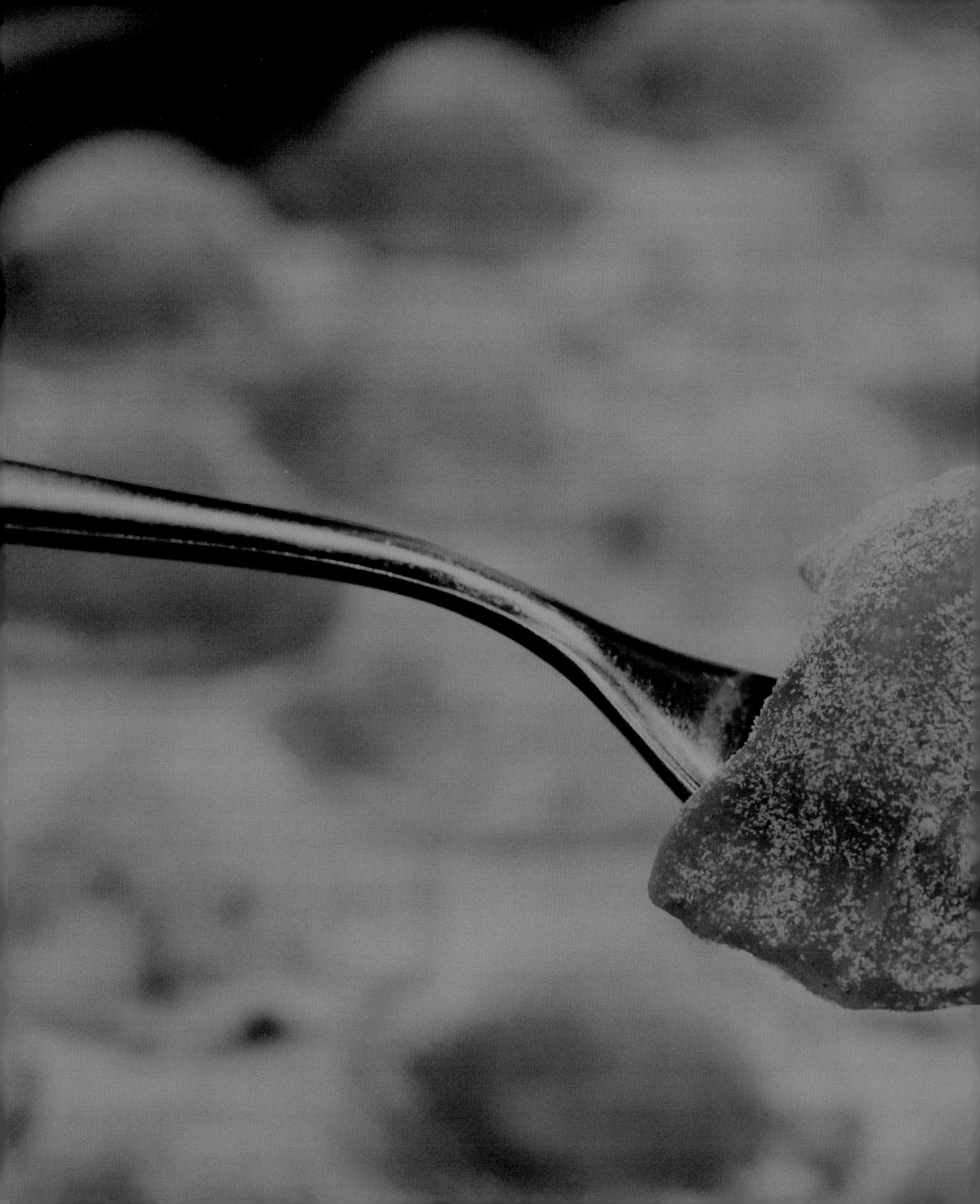

BÄRIGE PASTA

80 BÄRIGE PASTA

Kleine Kärntner Nudeln
mit braunen Parmesan-Butterbröseln

ca. 30 Stück

Nudelteig (ca. 400 g)

300 g glattes Mehl, Type 480

3 Eier

2 EL Olivenöl

Salz

wenn nötig: 1 EL Wasser

Parmesan-Butterbrösel

100 g braune Butter

2 – 3 EL Semmelbrösel

100 g frischer Parmesan, gerieben

Fülle

400 g Topfen, lose

1 EL Olivenöl

Salz, etwas Pfeffer

2 EL Minze, gehackt

2 EL Kerbel, gehackt

3 EL frischer Parmesan, gerieben

Fertigstellung

Schnittlauch oder Minzblätter, gehackt

Zubereitung

Für den Nudelteig Eier, Olivenöl und Salz in eine Schüssel geben und mit einem Schneebesen verrühren. Nach und nach das Mehl dazusieben und mit den Händen so lange verkneten, bis sich der Teig vom Schüsselrand und den Händen löst. Wenn nötig, etwas Wasser zugeben. Der Nudelteig muss schön glatt, aber noch fest und zäh sein. Zur Kugel formen, in Klarsichtfolie einschlagen und 30 Minuten kühl stellen.

Für die Fülle Topfen, Olivenöl, Salz, Pfeffer, Minze, Kerbel und frisch geriebenen Parmesan gut verkneten. Mit einem Esslöffel kleine Portionen formen und zu Kugeln rollen. Portionsgröße: ca. ½ EL

Wer keine Nudelmaschine besitzt, rollt den Teig mit der Hand dünn aus und schneidet ihn in ca. 15 cm breite horizontale Streifen. Die Fülle im Abstand von 3 – 4 cm darauf portionieren. Den Teig rund um die Fülle mit Wasser bestreichen und überlappend zusammenklappen. Um die Fülle herum den Teig fest andrücken und mit einem Ausstecher in die gewünschte Form bringen. Die Teigränder zwischen zwei Fingern nochmals zusammendrücken. Ca. 3 Minuten in leicht siedendem Salzwasser kochen. Herausnehmen, abtropfen lassen und auf vorgewärmten Tellern anrichten. Mit braunen Butterbröseln übergießen und etwas Parmesan darüberreiben. Mit frischer Minze oder Schnittlauch bestreuen.

Schafkästascherln
mit rotem Paprika und Rucola-Apfel

Zutaten für 4 – 5 Personen à 6 Tascherln

Für die Pasta

Nudelteig (ca. 400 g), laut Grundrezept auf Seite 204

1 Ei, Mehl für die Arbeitsfläche

Rucola-Apfel-Salat

100 g gewaschener Rucola

1 – 2 Äpfel (Boskop)

Salz, Zucker

mildes Olivenöl

frischer Zitronensaft

Fülle

300 – 400 g frischer Schaftopfen

3 EL Olivenöl

3 EL Parmesan

1 TL Zitronenzesten

Salz, etwas gerebelter Thymian

Paprika

2 rote Paprika

2 große Tomaten

1 EL Zwiebel, klein gehackt

2 Lorbeerblätter

Salz, Zucker, Pfeffer

Olivenöl

1 kleiner Rosmarinzweig

Fertigstellung

etwas Butter zum Schwenken für die Pasta

3 EL gehobelter Parmesan

Zubereitung

Paprika sowie Tomaten waschen, halbieren, entkernen und klein schneiden. Die Zwiebel in etwas Olivenöl hell anschwitzen, Paprika und Tomaten zugeben und kurz mitrösten. Mit ca. 300 ml Wasser aufgießen, Lorbeerblätter und Rosmarin zugeben. Den Paprika kochen, bis er sehr weich ist. Durch ein feines Sieb streichen und zu einer sämigen Sauce einkochen lassen. Mit Salz, Zucker und etwas Pfeffer würzen. 1 Schuss Olivenöl beigeben.

Für die Fülle Schaftopfen, Olivenöl, Salz, Parmesan und Zitronenzesten gut vermischen. Zu kleinen Kugeln in der Größe eines halben Esslöffels formen und kühl stellen.

Den vorbereiteten Nudelteig mit der Nudelmaschine oder per Hand zu hauchdünnen Platten ausrollen. Die Hälfte der Platten mit verquirltem Ei bestreichen und die Fülle im Abstand von 4 – 5 cm draufsetzen. Die übrigen Teigplatten darüber legen und rund um die Füllung fest andrücken. Die Dreiecke mit einem Teigrad ausschneiden und im siedenden Salzwasser 2 Minuten köcheln lassen.

Für den Rucola-Apfel die Äpfel schälen. Rucola und Apfel klein schneiden, mit Salz, Zucker, Olivenöl und frischem Zitronensaft mild marinieren. Mit einer runden Ausstechform am Teller platzieren.

Anrichten

Schafkästascherln in heißer Butter schwenken und mit Parmesan bestreuen. Neben dem Rucola-Apfel am Teller anrichten und mit Apfel und Rucolablättern garnieren. Zum Schluss mit heißer Paprikasauce beträufeln.

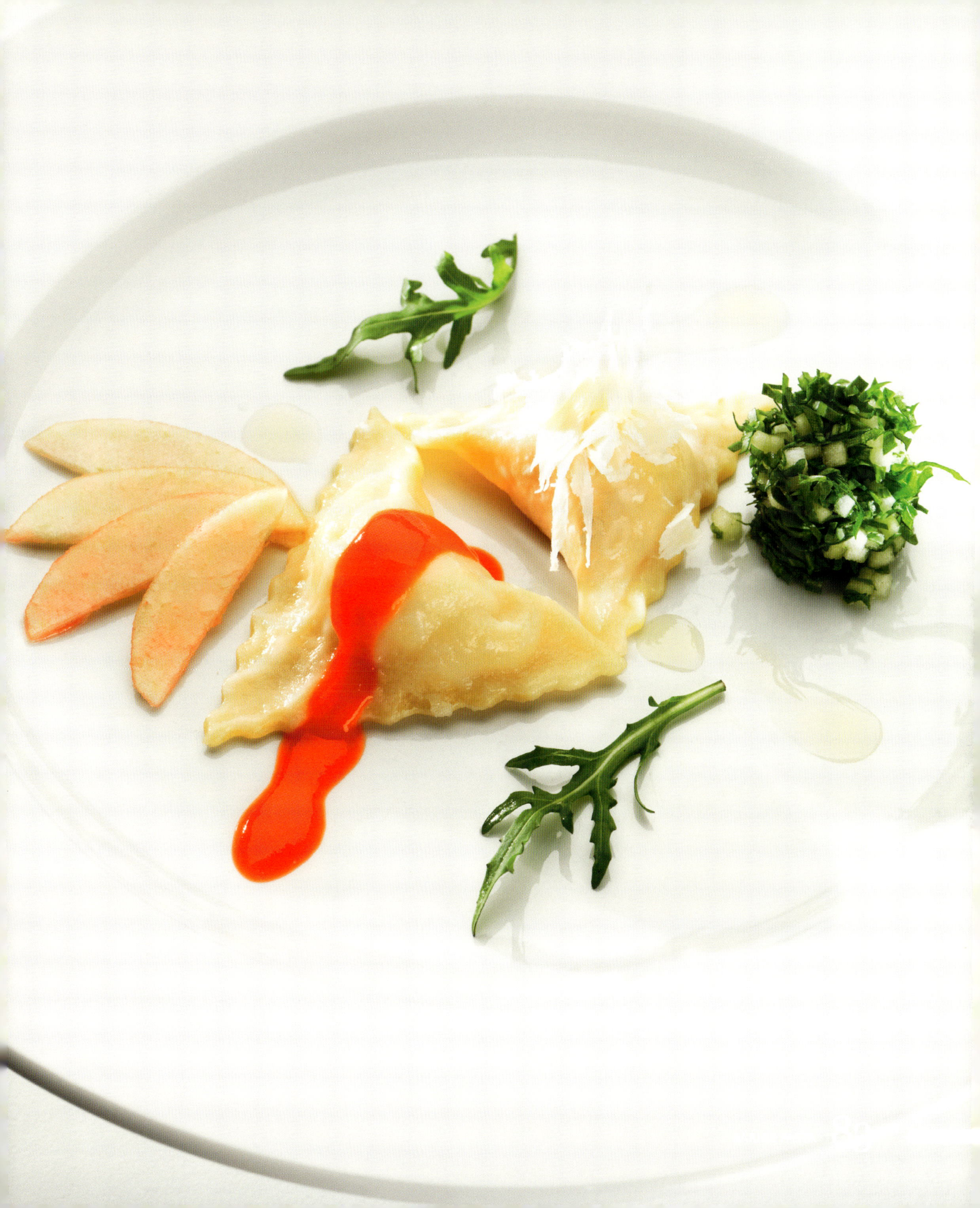

84 BÄRIGE PASTA

Basilikum-Erbsen-Pasta mit frischen Draukrebserln

Zutaten für 4 – 5 Personen

15 frische Draukrebse

Krebsfond

2 EL Olivenöl

Draukrebskarkassen

50 g Butter

2 – 4 cl Cognac

2 geschälte Karotten, klein geschnitten

2 Lorbeerblätter, 1 Rosmarinzweig

Salz, Pfeffer

2 TL Honig

½ EL Tomatenmark

Für die Pasta

Nudelteig (ca. 400 g), laut Grundrezept auf Seite 204

1 Ei, Mehl für die Arbeitsfläche

Fülle

250 g Erbsen, frisch oder tiefgekühlt

ca. 50 ml Sahne

2 EL Mascarpone

1 EL Sauerrahm

Salz, Pfeffer, Zucker

2 EL klein gehackter Basilikum

Krebslsauce

200 ml Krebsfond

50 ml Milch

50 ml Sahne

2 cl Cognac, Salz, Pfeffer

ca. ½ EL weiße Einbrenn zum Binden

Fertigstellung

50 g Erbsen

4 – 5 gewaschene Radieschen, geviertelt

Olivenöl

1 EL zerlassene Butter

Zubereitung

Die Flusskrebse ca. 2 Minuten ins kochende Salzwasser geben. Herausnehmen, kalt abschrecken, Scheren und Schwänze ausbrechen.

Für den Krebsfond die Karkassen in Olivenöl braun anrösten. Karotten, Lorbeerblätter, Rosmarinzweig und Butter beigeben, kurz mitrösten, mit Cognac ablöschen und mit Wasser bedeckt aufgießen. Mit etwas Salz, Pfeffer, Honig und Tomatenmark würzen. Ca. 1 Stunde lang reduzieren lassen und durch ein feines Sieb gießen.

Für die Fülle die (aufgetauten) Erbsen mit Sahne fein mixen und durch ein Sieb passieren. Das Erbsenpüree mit Mascarpone und Sauerrahm verrühren und mit Salz, Pfeffer, Zucker und klein gehacktem Basilikum abschmecken.

Den Teig mit der Nudelmaschine zu hauchdünnen Platten ausrollen und auf eine bemehlte Arbeitsfläche legen. Die Hälfte der Nudelplatten mit verquirltem Ei bestreichen und im Abstand von ca. 3 – 4 cm je 1 TL der Fülle draufsetzen. Die übrigen Teigplatten darüberlegen, rund um die Fülle zusammendrücken und quadratisch ausschneiden. In reichlich siedendem Salzwasser 2 Minuten garen.

Für die Krebslsauce den Krebsfond, Milch, Sahne, Einbrenn und Cognac aufkochen, mit Salz und Pfeffer abschmecken und gut aufmixen.

Anrichten

Die Krebslschwänze und das Scherenfleisch in etwas Krebssauce erwärmen. Die Basilikum-Erbsen-Pasta im Olivenöl und zerlassener Butter schwenken und am vorgewärmten Teller anrichten. Die Krebse draufsetzen. Mit warmen Erbsen und Radieschen garnieren sowie mit aufgeschäumter Krebslsauce nappieren.

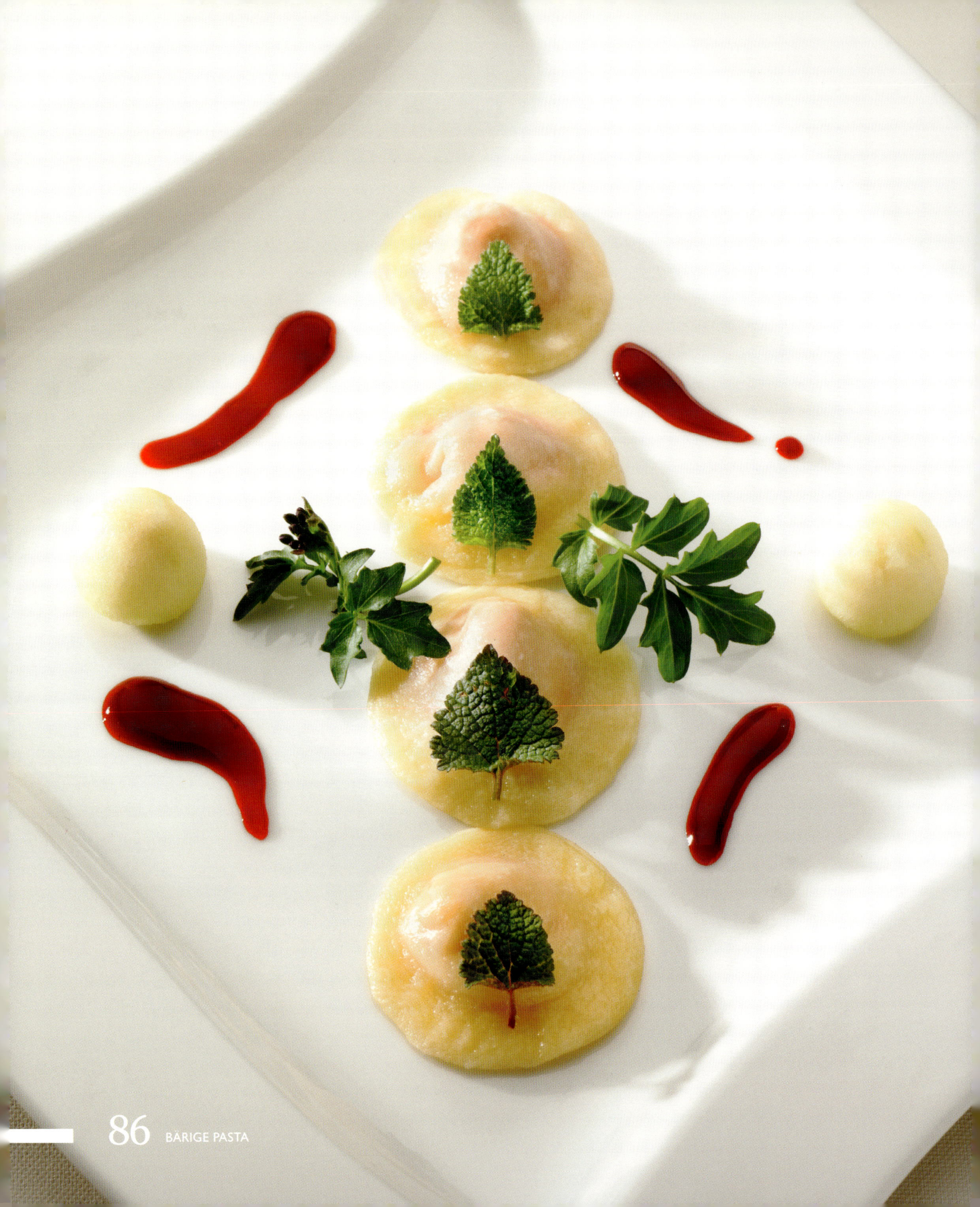

Rote-Rüben-Agnolotti
mit Bachkresse und Kompottapfel

Zutaten für 5 Personen

Für die Pasta

Nudelteig (ca. 400 g), laut Grundrezept auf Seite 204

1 Ei, Mehl für die Arbeitsfläche

Fülle

300 g gekochte Rote Rüben

200 g Ricotta

Salz, Pfeffer

3 EL geriebener Parmesan

2 TL Honig

1 Schuss Cassis-Essig

Sauce

200 ml roter Rübensaft (Reformhaus)

2 TL Cassis-Essig

2 TL Honig

etwas Maisstärke, mit Wasser angerührt

Fertigstellung

2 große, geschälte Äpfel bester Qualität, festkochend

ca. 300 ml Wasser

2 EL Zucker

Saft einer ½ Zitrone, 2 – 3 Nelken

etwas braune Butter zum Schwenken der Agnolotti

1 Handvoll frische Bachkresse

Zubereitung

Für die Fülle die gekochten Roten Rüben fein mixen und durch ein Sieb streichen. Mit Ricotta verrühren und mit den anderen Zutaten abschmecken. 1 Stunde kühl stellen.

Für die Sauce den Rübensaft mit Cassis-Essig und Honig vermengen, aufkochen und mit ein paar Tropfen Maisstärke zu einer sämigen Sauce abziehen. Beiseitestellen.

Für den Kompottapfel aus den Äpfeln mit einem Ausstecher kleine Kugeln formen und mit Wasser, Zucker, Nelken und Zitronensaft zu einem bissfesten Kompott kochen. Beiseitestellen.

Für die Agnolotti den Teig mit der Nudelmaschine zu hauchdünnen Bahnen ausrollen und auf eine bemehlte Arbeitsfläche legen. Die Hälfte der Nudelplatten mit dem verquirlten Ei bestreichen. Im Abstand von 4 cm je einen TL der Füllung draufgeben und mit den übrigen Nudelplatten abdecken. Den Teig rund um die Füllung fest andrücken und mit einer runden Form Agnolotti ausstechen. In reichlich kochendem Salzwasser 1 – 2 Minuten garen.

Fertigstellung

Die Rübensauce und die Kompottäpfel erhitzen. Die Agnolotti in einer heißen Pfanne mit etwas brauner Butter schwenken und auf den vorgewärmten Teller anrichten. Die Rübensauce und die Kompottäpfel ebenfalls auf die Teller bringen und mit Bachkresse garnieren.

Tipp: Etwas frischen Kren drüberraspeln und mit jungen Brennnesselblättern oder Taubnesseln garnieren.

Birnen-Gorgonzola-Ecken
mit jungem Grün und extra altem Balsamessig

Zubereitung

Für die Fülle die Birnen schälen, in feine Würfel schneiden und mit Honig und Zitrone in Butter anschwitzen. Abkühlen lassen und mit Gorgonzola und Schaftopfen verrühren. Mit Salz, Olivenöl und frisch geriebenem Parmigiano Reggiano abschmecken.

Den Teig mit dem Nudelholz auf einer bemehlten Arbeitsfläche gleichmäßig dünn ausrollen (Dicke: ca. 1 – 2 mm) und in 4 horizontale Streifen schneiden (Höhe: ca. 10 – 12 cm). In einem Abstand von 4 – 5 cm mit einem TL die Fülle draufsetzen. Den Teig am unteren Rand und zwischen der Fülle mit Wasser bepinseln. Den Teig von oben nach unten überlappen und rund um die Füllung fest andrücken. Die Pasta mit einem Messer oder Teigrad dreieckig ausschneiden. In reichlich siedendem Salzwasser 2 Minuten garen und in etwas heißer brauner Butter schwenken.

Die Radieschen mit etwas Zucker, Olivenöl und Zitrone mild abmachen und auf die Birnen-Gorgonzola-Ecken geben.

Anrichten

Kurz vor dem Anrichten die Zupfsalate marinieren. Die Pasta-Ecken auf Teller geben und mit Olivenöl extra vergine beträufeln. Mit den marinierten Zupfsalaten und dem XA-Balsam fertigstellen. Tipp: Mit warmen Zimt-Kompottbirnen servieren.

Josef senior:

„Für Essen und Trinken haben wir immer viel Geld ausgegeben."

Seppi junior:

„Deshalb sind wir nach jedem Urlaub im Piemont schon nach zwei Tagen heimgefahren."

Zutaten für 4 – 5 Personen

Für die Pasta

Nudelteig (ca. 400 g), laut Grundrezept auf Seite 204

Mehl und Wasser für die Pasta

Fülle

2 feste Birnen

70 g Butter

1 TL Honig

1 TL gepresste Zitrone

100 g Gorgonzola, aufgerieben

100 g Schaftopfen (fest)

Salz

1 EL Olivenöl

2 EL frisch geriebener Parmigiano Reggiano

5 Radieschen, geviertelt

1 Prise Zucker

1 TL Olivenöl

ein paar Tropfen Zitrone

100 g Zupfsalat

Salz, Zucker

etwas mildes Olivenöl

Saft einer ½ Zitrone

braune Butter

Olivenöl, extra vergine

Balsamessig, über 20 Jahre alt

BÄRIGE PASTA 89

90 RANGE PASTA

Eigelb-Spinat-Raviolo auf passiertem jungem Spinat und Parmesan

Zutaten für 4 – 6 Personen

Für die Pasta

Nudelteig (ca. 400 g), laut Grundrezept auf Seite 204

1 Ei, Mehl für die Arbeitsfläche

Fülle

ca. 200 g junger Blattspinat

Olivenöl

Salz, Zucker, Muskatnuss

1 Knoblauchzehe, in feine Würfel geschnitten

1 EL fein gehackte Zwiebel

6 frische Eier

Passierter junger Spinat

1 Kartoffel (ca. 100 g)

1 EL klein gewürfelte Zwiebel

20 g Butter

ca. 300 ml Geflügel- oder Gemüsefond

200 g junger Blattspinat

Salz, Pfeffer, Muskat

1 Knoblauchzehe, in feinste Würfel gehackt

ca. 50 g geschabter Parmesan

Olivenöl, extra vergine

Zubereitung

Für den passierten jungen Spinat die Kartoffel schälen, klein würfeln und mit den Zwiebelstücken und Knoblauchwürfeln in Butter anschwitzen. Mit dem Geflügelfond aufgießen und die Zutaten kochen, bis sie weich sind. Den geputzten und gewaschenen Spinat im kochenden Salzwasser etwa 15 Sekunden blanchieren, kalt abschrecken und gut ausdrücken. Den Spinat in den Kartoffelfond geben und alles im Mixer fein pürieren. Durch ein Sieb passieren und zum Servieren nochmals aufkochen. Mit Salz, Pfeffer und Muskat abschmecken.

Für die Ravioli den Spinat wie oben beschrieben blanchieren, sehr gut ausdrücken und sehr fein schneiden oder hacken. Zwiebel mit etwas Olivenöl hell anschwitzen und den Spinat zugeben. Mit Salz, Zucker, den Knoblauchwürfeln und Muskat abschmecken und auskühlen lassen.

Den Teig mit der Nudelmaschine zu hauchdünnen Platten ausrollen und auf eine bemehlte Arbeitsfläche geben. Die Hälfte der Nudelplatten mit verquirltem Ei bestreichen und im Abstand von 5 cm Spinatportionen in der Größe eines Esslöffels legen. Mit einem gewaschenen Ei eine runde Mulde in den Spinat drücken. Eiweiß vom Dotter trennen und die Dotter vorsichtig in die Spinatmulde setzen. Die restlichen Teigplatten vorsichtig darüberlegen und rund um die Fülle fest andrücken. Mit einem gewellten Ausstecher großzügig ausstechen und in reichlich Salzwasser 2 Minuten garen.

Anrichten

Den erhitzten passierten Spinat auf heißen Tellern verteilen, die Ravioli jeweils in die Mitte geben und darüber etwas Olivenöl träufeln. Den geschabten Parmesan rundum verteilen.

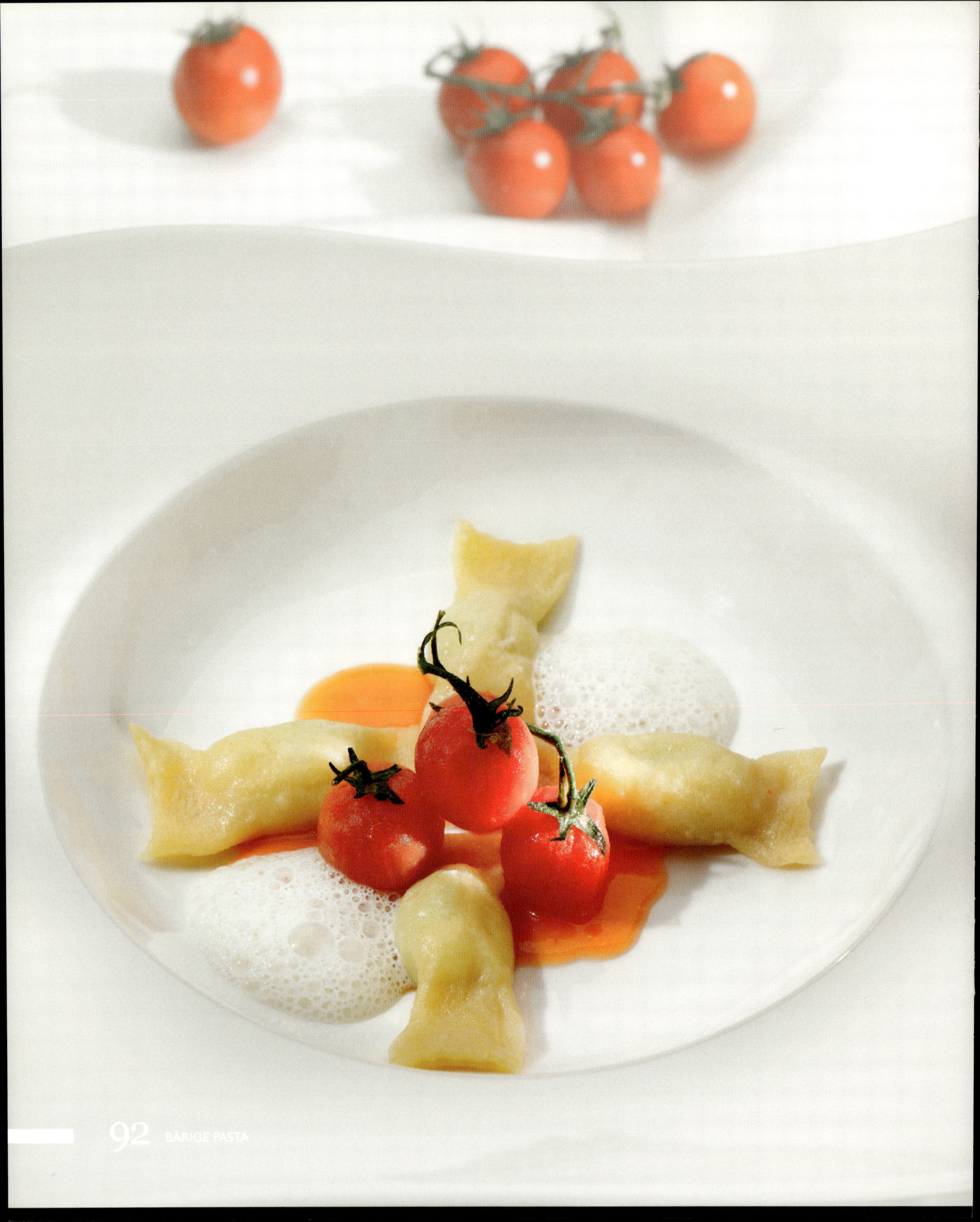

Paradeisernudeln mit Kirschtomaten und Krenschaum

Zutaten für 3 – 6 Personen

Für die Pasta

Nudelteig (ca. 400 g), laut Grundrezept auf Seite 204

1 Ei, Mehl für die Arbeitsfläche

Kirschtomaten

300 g Kirschtomaten, Salz, Zucker, Olivenöl, 1 Rosmarinzweig

Krenschaum

200 ml Milch

100 ml Bouillon oder Wasser

50 ml Sahne

1 – 2 EL geriebener Kren

Salz, Pfeffer

Tomatensauce

1 kleine Zwiebel

1 Knoblauchzehe

4 große, reife Tomaten

Basilikumblätter

Salz, Pfeffer, Zucker

Olivenöl

Fülle

5 reife Fleischtomaten

30 g Schalotten

10 g Butter

1 Knoblauchzehe, gewürfelt

Salz, Pfeffer

1 TL Basilikumblätter, gehackt

1 TL Thymian, gehackt

2 TL Tomatenmark

3 EL Topfen

Sahne zum Schwenken

Zubereitung

Für die Fülle die Tomaten enthäuten und entkernen. Die Schalotten in Butter andünsten, das Tomatenfleisch, den Knoblauch und alle Kräuter hinzufügen. Zu einem sehr dicken Brei einkochen, salzen und pfeffern, dann passieren. Das Tomatenmark und den Topfen in die Masse einrühren und abschmecken. Kühl stellen.

Für die Tomatensauce die Zwiebel fein würfeln und zusammen mit dem fein gehackten Knoblauch in Olivenöl hell anschwitzen. Die klein geschnittenen Tomaten dazugeben und mit Salz, Pfeffer und etwas Zucker würzen. Bei geringer Hitze weich kochen lassen. Das Basilikum dazugeben, 10 Minuten ziehen lassen und durch ein Sieb passieren.

Für den Krenschaum Milch, Sahne, Bouillon und den Kren in einer Kasserolle aufkochen. Mit Salz und Pfeffer würzen. Durch ein feines Sieb passieren. Kurz vor dem Anrichten mit einem Stabmixer aufschäumen.

Für die Pasta den Nudelteig dünn ausrollen und 6 cm große Kreise ausstechen. Die Ränder mit Eigelb bestreichen und auf eine Seite je 1 TL der Füllung geben. Zusammenklappen und den Rand fest andrücken. Die Pasta in reichlich siedendem Salzwasser ca. 2 Minuten garen. Herausnehmen, abtropfen und in etwas heißer, leicht gesalzener Sahne schwenken.

Für die Kirschtomaten die Tomaten in ein feuerfestes Geschirr geben, mit Salz, Zucker und Olivenöl würzen und den Rosmarinzweig beigeben. 6 Minuten im vorgeheizten Rohr bei 180 – 200 °C garen.

Anrichten

Mit Tomatensauce, Kirschtomaten und Krenschaum servieren.

Kürbiskrapferln
auf Apfel-Radicchio-Salat, Honigöl und Cassis-Essig

Zubereitung

Für die Fülle das Muskatkürbisfleisch im leicht gesalzenen Wasser weich kochen und ohne Wasser dick pürieren. Knoblauch und Zwiebel mit Butter hell andünsten, das Paprikapulver zugeben und unter das Kürbispüree rühren. Auskühlen lassen. Die durchgepressten Erdäpfel und den Parmesan untermischen. Mit Salz und Pfeffer abschmecken.

Für die Pasta den Teig mit der Nudelmaschine zu hauchdünnen Platten ausrollen und auf eine bemehlte Arbeitsfläche legen. Die Hälfte der Nudelplatten mit verquirltem Ei bestreichen und im Abstand von etwa 4 cm je einen ½ EL der Fülle draufsetzen. Die restlichen Teigplatten darüberlegen und rund um die Füllung fest andrücken. Rund ausstechen.

Für den Apfel-Radicchio-Salat die Äpfel schälen, entkernen und in kleine Würfel schneiden. ⅔ der Äpfel mit etwas Cassis-Essig, Zucker und Olivenöl mild abmachen. Mit einem Teelöffel am Teller platzieren. Den Radicchiosalat mit den restlichen Apfelstücken vermischen und mit etwas Salz, Zucker, Zitronensaft und Olivenöl mild abmachen und flach am Teller auflegen.

Fertigstellung

Die Kürbiskrapferln in reichlich siedendem Salzwasser etwa 2 – 3 Minuten garen, in heißem Honigöl schwenken und auf den Salat geben. Mit etwas Marinade umgießen.

Zutaten für 4 – 6 Personen

Für die Pasta

Nudelteig (ca. 400 g), laut Grundrezept auf Seite 204

1 Ei, Mehl für die Arbeitsfläche

Fülle

350 g Muskatkürbisfleisch, geschält und entkernt

2 gekochte, geschälte und durch die Presse gedrückte Erdäpfel (ca. 100 – 150 g)

Salz, Pfeffer

1 TL Paprikapulver

30 g Butter

1 Knoblauchzehe, fein gehackt

½ EL Zwiebel, fein gehackt

2 EL geriebener Parmesan

Apfel-Radicchio-Salat

1 kleiner Kopf Radicchio, geputzt, gewaschen und in kleine Würfel geschnitten

2 Äpfel bester Qualität

Cassis- oder Himbeer-Essig

Olivenöl

Salz, Zucker, Zitronensaft

Marinade

2 cl Cassis-Essig

1 Prise Salz

1 Prise Zucker

2 EL Olivenöl

Honigöl

1 TL Honig

1 EL braune Butter

1 EL Olivenöl

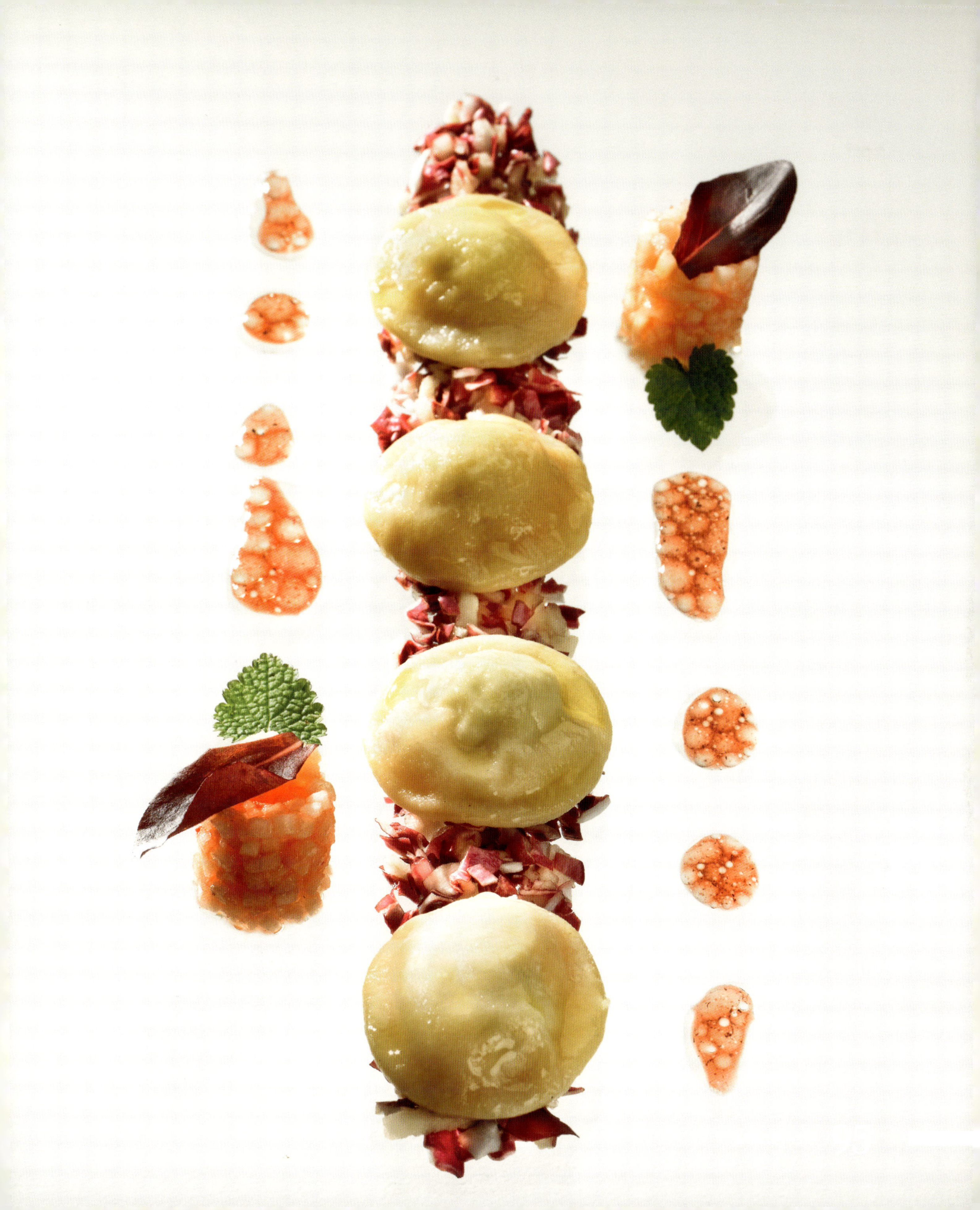

Kastanienravioli im Lavendelsaft mit lauwarmen Honig-Oliven-Äpfeln

Zubereitung

Für die Fülle gehackte Kastanien in Butter anschwitzen und mit Portwein ablöschen. Auskühlen lassen. Mascarpone, Parmesan und Oliven verrühren, mit Salz und Pfeffer abschmecken und mit den Kastanien vermengen.

Für den Lavendelsaft den Kalbsfond mit dem Lavendelzweig 5 Minuten köcheln lassen und mit Salz, Pfeffer sowie einer Messerspitze Honig abschmecken. Mit etwas Einbrenn sämig binden und 1 EL Olivenöl dazugeben. Beiseitestellen.

Für die Pasta den Teig mit der Nudelmaschine zu dünnen Platten ausrollen und auf eine bemehlte Arbeitsfläche geben. Die Hälfte der Nudelplatten mit verquirltem Ei bestreichen und im Abstand von 4 cm je einen ½ EL der Fülle draufsetzen sowie mit einem gewellten Teigrad quadratisch ausschneiden. In reichlich siedendem Salzwasser 2 – 3 Minuten garen.

Für die Honig-Oliven-Äpfel die geschälten Äpfel mit einer Kugelform ausstechen und mit den feinst gehackten schwarzen Oliven, Olivenöl und etwas Honig lauwarm schwenken. Auf die Teller legen. Die ganzen Kastanien in heißer Butter und Honig schwenken.

Anrichten

Die Kastanienravioli anrichten und die Honigkastanien draufsetzen. Mit Honigbutter nappieren und mit heißem Lavendelsaft umgießen.

Josef senior:

„Für mich ist mein Sohn der beste Koch in Österreich."

Seppi junior:

„Ja, nach dir."

Zutaten für 4 – 6 Personen

Für die Pasta

Nudelteig (ca. 400 g), laut Grundrezept auf Seite 204

1 Ei, Mehl für die Arbeitsfläche

Fülle

200 g geschälte, weich gekochte Kastanien, gehackt

30 g Butter

2 EL roter Portwein

Salz, Pfeffer

3 EL frisch geriebener Parmesan

1 – 2 EL Mascarpone

4 schwarze, entkernte, feinst gehackte Oliven

Lavendelsaft

100 ml dunkler Kalbsfond, siehe Seite 205

1 Lavendelzweig

Salz, Pfeffer, Honig

1 EL Olivenöl

etwas Einbrenn zum Binden

Honig-Oliven-Äpfel

1 – 2 große geschälte Äpfel

2 schwarze Oliven, feinst gehackt

1 EL Olivenöl, 1 TL Honig

20 gekochte, geschälte Kastanien, ganz

30 g Butter

½ EL Honig

97

98 BÄRIGE PASTA

Röstspeck-Polenta-Pasta
mit frischem Schaftopfen und grünem Spargel

Zutaten für 4 – 5 Personen
(ca. 20 – 25 Tascherln)

Für die Pasta

Nudelteig (ca. 400 g), laut Grundrezept auf Seite 204

1 Ei, Mehl für die Arbeitsfläche

Fülle

7 EL Polentagrieß (ca. 120 – 130 g)

500 ml Wasser

50 g Butter

50 ml Sahne

150 ml Milch

2 EL Olivenöl

Salz, Pfeffer

3 EL geriebener Parmesan

Spargel

10 – 12 große grüne Spargelstangen

Salz, Zucker, Zitrone

150 – 200 g frischer schnittfähiger Schaftopfen

15 Scheiben Hamburgerspeck, in feine Streifen geschnitten

Fertigstellung

100 ml braune Butter

zum Bestreuen: 3 EL frischer Parmesan

Zubereitung

Für die Fülle den Polentagrieß mit Wasser, Butter, Sahne, Milch und Olivenöl aufkochen. Mit Salz und Pfeffer würzen und unter ständigem Rühren den Parmesan dazugeben. Das Ganze ebenfalls unter ständigem Rühren kochen lassen, bis die Masse dick wird, beiseitestellen und auf ca. 35 °C auskühlen lassen.

Für die Pasta den Teig mit der Nudelmaschine hauchdünn ausrollen und auf eine bemehlte Arbeitsfläche legen. Die Teigbahnen in etwa 8 cm große Quadrate schneiden und mit verquirltem Ei bestreichen. In jede Quadratmitte die Fülle in der Größe eines Teelöffels setzen. Diagonal zusammenschlagen und fest um die Fülle herum andrücken. Mit den Fingern zu einer länglichen Form drücken. Auf einer bemehlten Fläche kalt stellen.

Für den Spargel die grünen Stangen schälen und liegend in Wasser mit etwas Salz, Zucker und Zitrone knackig kochen.

Die Pasta in reichlich siedendem Salzwasser 2 – 3 Minuten garen. Die Speckstreifen resch anbraten und warm stellen. Den Spargel halbieren, in etwas heißer brauner Butter schwenken und am Teller anrichten. Die Pasta gut abtropfen lassen, zum Spargel geben und mit Röstspeck sowie Parmesan bestreuen. Den vorgeschnittenen Schaftopfen dazugeben und das Gericht mit etwas heißer brauner Butter umgießen.

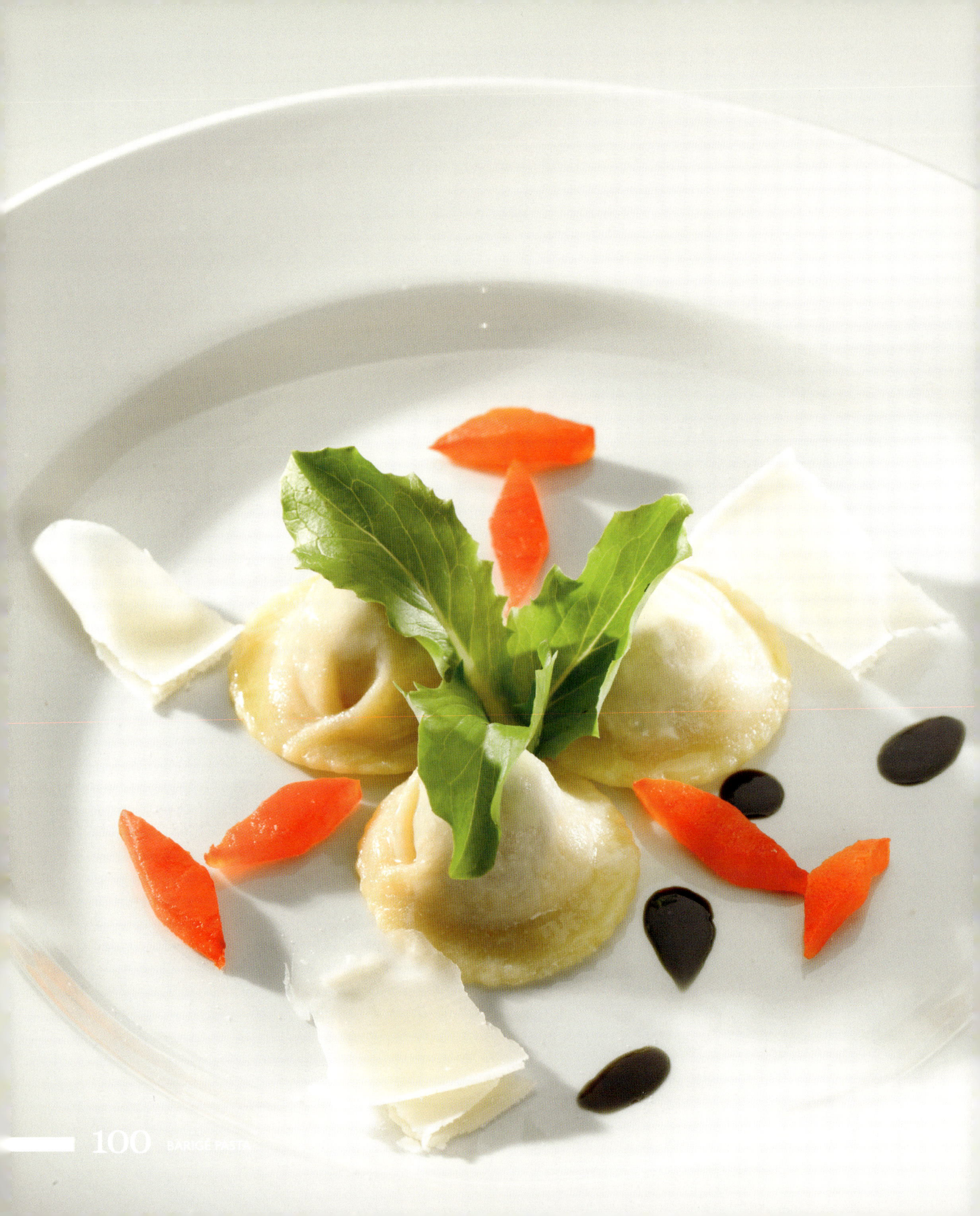

Schlickkrapferl-Pasta
mit Parmesan-Kernöl und gesüßtem Zupfsalat

Zutaten für 4 Personen

Für die Pasta

Nudelteig (ca. 400 g), laut Grundrezept auf Seite 204

1 Ei, Mehl für die Arbeitsfläche

Fülle

350 g Beuschel, gekocht oder Kochfleischreste

2 EL Fett

50 g Zwiebeln, fein gehackt

1 Knoblauchzehe, fein gehackt

1 TL Majoran, 1 TL Basilikum, 1 EL gehackte Petersilie

1 Ei, 1 TL Salz, 1 Prise Pfeffer

etwas zerlassene braune Butter zum Schwenken

überkochte Paprikarauten

100 g Zupfsalat

Salz, Zucker, Zitronensaft, mildes Olivenöl

100 g frischer Parmesan

Kürbiskernöl

Zubereitung

Für die Fülle das gekochte Beuschel oder die Kochfleischreste faschieren. Zwiebel und Knoblauch mit Fett hell andünsten, Majoran und Basilikum zugeben. Mit dem Ei unter das faschierte Beuschel mischen und mit Salz und Pfeffer würzen. Die Petersilie hinzugeben und die Fülle zu Kugeln in der Größe von halben Esslöffeln formen.

Für die Pasta den Teig mit der Nudelmaschine zu hauchdünnen Platten ausrollen und auf eine bemehlte Arbeitsfläche legen. Die Hälfte der Nudelplatten mit verquirltem Ei bestreichen und im Abstand von etwa 4 cm eine Kugel der Fülle draufsetzen. Die übrigen Teigplatten drüberlegen, rund um die Fülle fest andrücken und rund ausradeln oder ausstechen. Die Schlickkrapferln in reichlich siedendem Salzwasser etwa 3 Minuten köcheln lassen.

Fertigstellung

Schlickkrapferl-Pasta in brauner Butter schwenken und auf vorgewärmte Teller geben. Paprikarauten und Zupfsalate mit Salz, Zucker, Zitrone und Olivenöl abmachen und am Teller platzieren. Mit gehobeltem Parmesan garnieren und etwas Kernöl darüberträufeln.

Josef senior:

„Unsere größte Gemeinsamkeit? Wir lieben Gewitter. Wenn es blitzt, sitzen wir beide mit offenem Mund vor dem Haus und beobachten das Treiben."

Seppi junior:

„Und wir springen erst dann auf, wenn die Blitze 100 Meter neben uns einschlagen. Dann aber gleichzeitig."

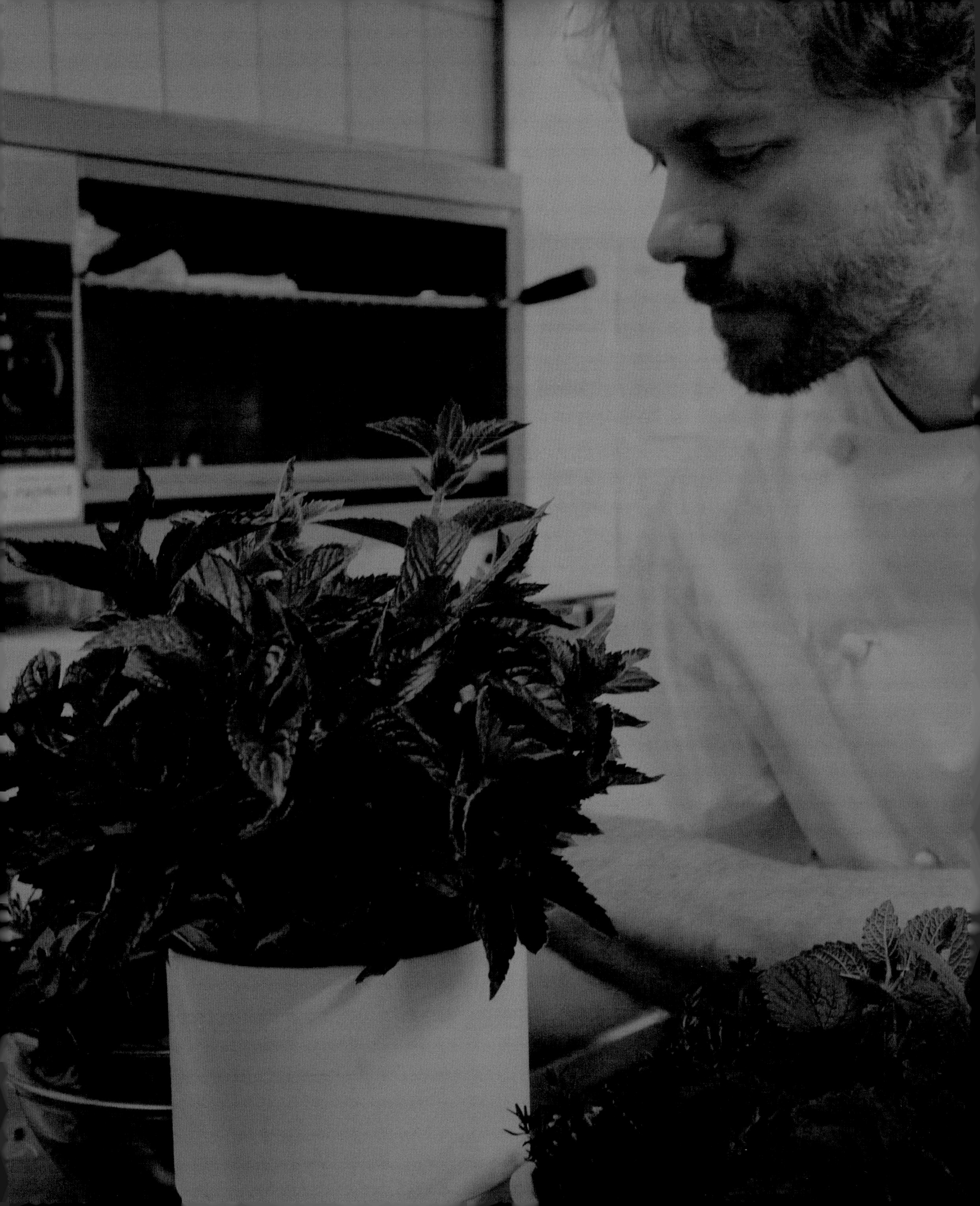

ZWISCHEN GERICHTE

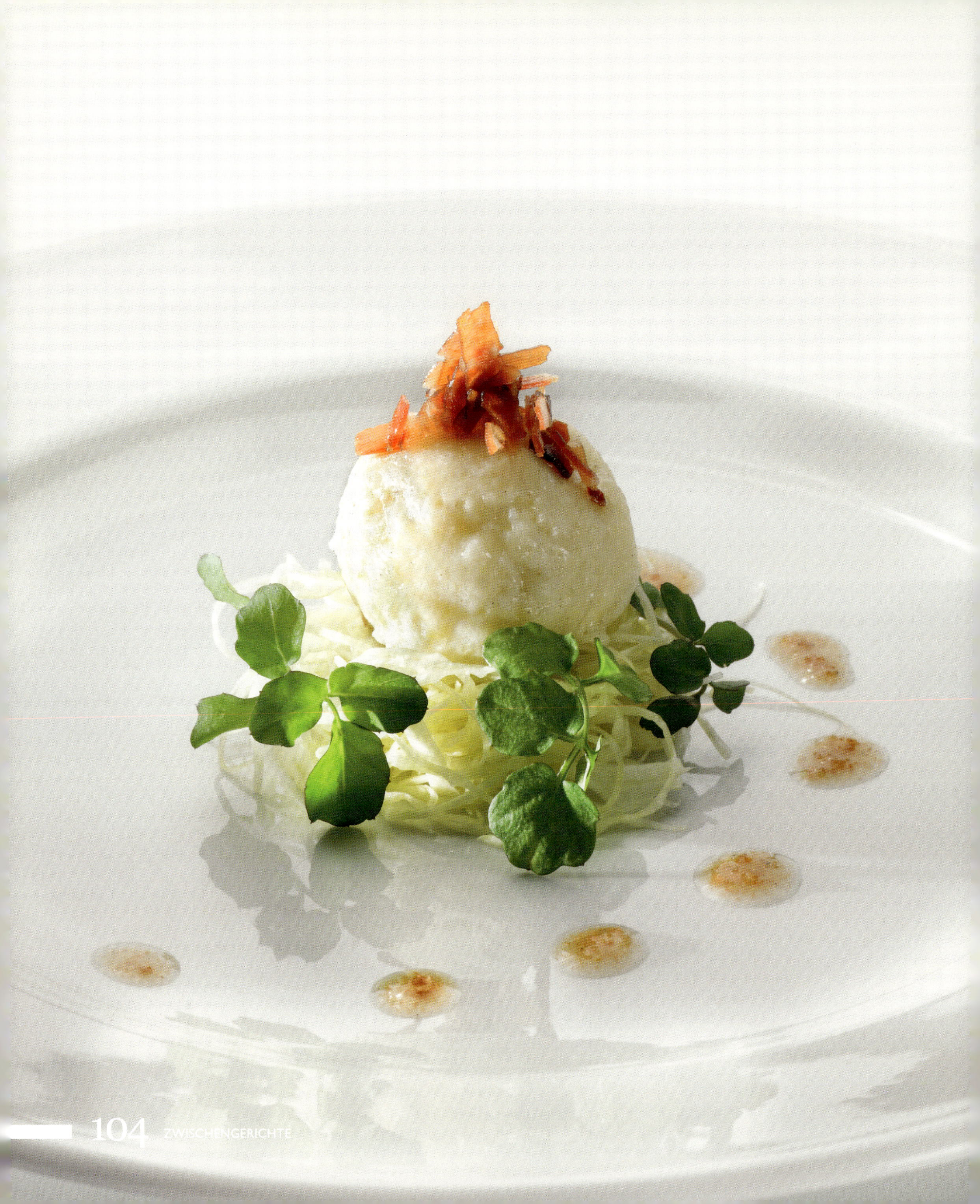

Gefülltes Ochsenschwanzknöderl auf Röstspeckkraut

Zutaten für 4 – 6 Personen

Erdäpfelteig

250 g mehlige Erdäpfel, passiert, kalt

25 g weiche Butter

1 Ei, Salz, Muskat

80 g Mehl

Mehl für die Arbeitsfläche

Fülle

Zutaten wie beim gedünsteten Ochsenschwanz auf Seite 135

1 EL Preiselbeerkompott

Salz, Pfeffer

Kraut

ca. 300 g Weißkraut, fein geschnitten

Salz, Zucker

Apfelessig, mildes Olivenöl, etwas Kümmel

Fertigstellung

etwas Butter zum Schwenken

2 EL frisch geriebener Parmesan

10 dünne Scheiben Bauchspeck, in dünne Streifen geschnitten

ca. 80 ml braune Bröselbutter

1 Handvoll frische Bachkresse

Zubereitung

Für die Fülle das vom Ochsenschwanz abgelöste Fleisch und das mitgedünstete Wurzelwerk mit dem Messer fein hacken. Mit Salz, Pfeffer und Preiselbeerkompott würzen und zu kleinen Kugeln formen. Portionsgröße: ½ EL

„Die Stammgäste sind mit uns gewachsen und haben immer wieder ihre Treue zu unserem Haus und unserer Küche bewiesen."

Josef senior

Für den Erdäpfelteig die Erdäpfel mit Mehl, Butter und Ei in eine Schüssel geben und mit Salz und Muskat würzen. Zu einem festen Teig vermischen. Auf bemehlter Arbeitsfläche eine Rolle von 3 cm Durchmesser ausrollen und im Abstand von etwa 3 cm abtrennen. Mit einem bemehlten Finger kleine Mulden formen und die Ochsenschwanzmasse einschlagen. Zu festen Knödeln formen und auf ein bemehltes Blech geben.

Die Speckstreifen resch anbraten und warm stellen. Das geschnittene Kraut mit etwas Salz, Zucker, Apfelessig, Olivenöl und Kümmel marinieren und auf Tellern mittig anrichten.

Fertigstellung

Die Ochsenschwanzknöderln in reichlich siedendem Salzwasser ca. 5 – 8 Minuten garen. In Butter schwenken und mit Parmesan bestreuen. Auf das marinierte Kraut setzen und mit Röstspeck belegen. Mit brauner Bröselbutter umgießen und frische Bachkresse dazulegen.

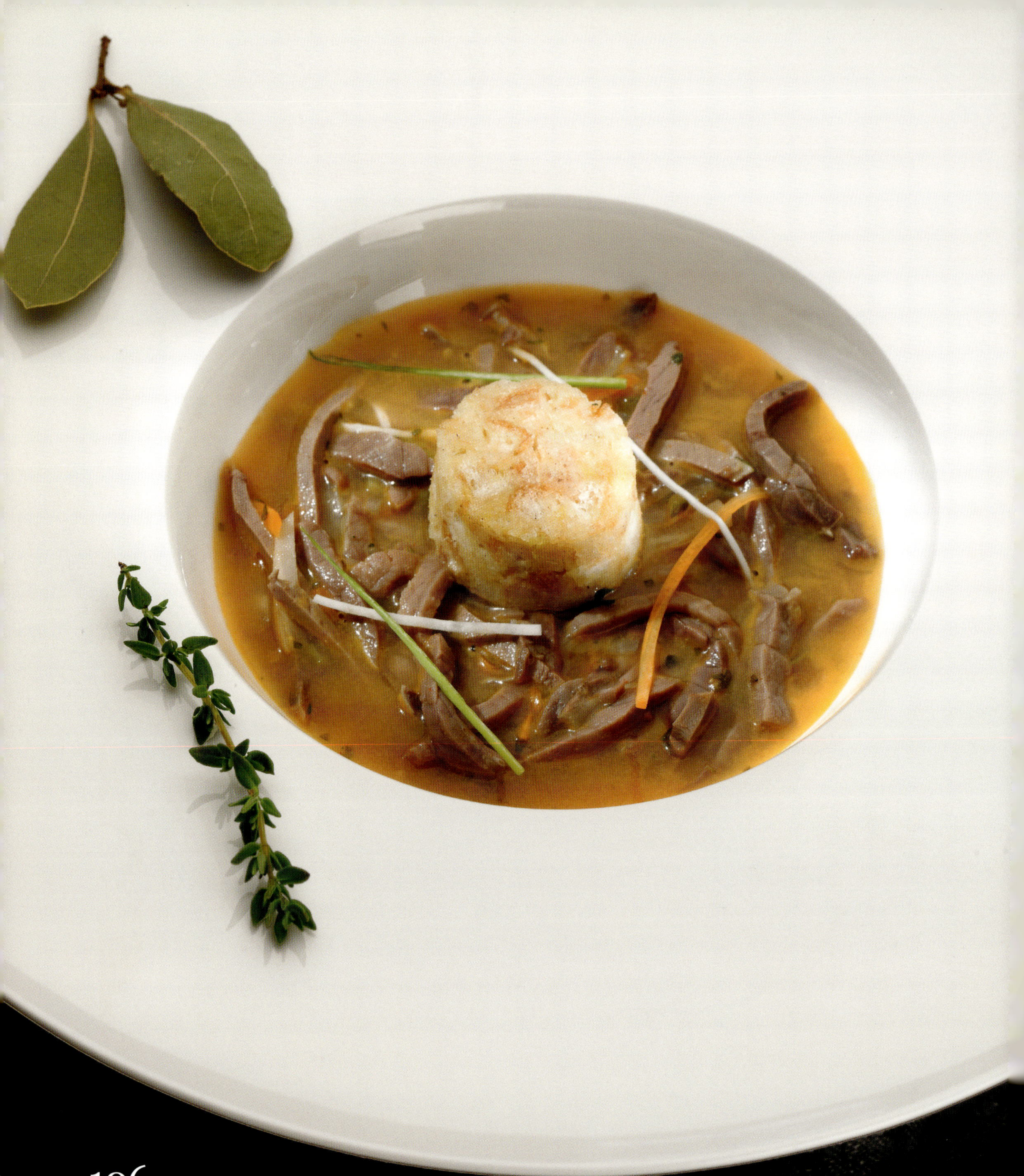

Zutaten für 4 Personen

Riesling-Kalbsbeuschel

½ helle Kalbslunge, ½ Kalbsherz (zusammen ca. 800 g)

1 ½ l Wasser

120 g Wurzelgemüse (Karotten, Sellerie, Peterwurzel, Lauch), gekocht und in feine Streifen geschnitten

1 kleine Zwiebel, braun geröstet

1 Lorbeerblatt

etwas Thymian

6 Pfefferkörner

Salz

50 g Fett

50 g Mehl

etwas Zucker

Weinessig

500 ml Beuschelkochsuppe

Beuschelkräuter

2 kleine Essiggurken

4 Kapern

1 Sardellenfilet

½ EL gehackte Blattpetersilie

1 kleine Zwiebel

1 Knoblauchzehe

1 TL Zitronenschale

Zum Abschmecken

Senf, Zitronensaft, Salz, Majoran, ⅛ l Riesling

Brioche-Knöderln

500 g Brioche-Brotwürfel

100 ml Milch

Salz, Muskat

3 EL fein gehackte Zwiebel

100 g zerlassene Butter

2 Eier

Riesling-Kalbsbeuschel mit Brioche-Knöderln

Zubereitung

Für das Beuschel die gut gewässerte Kalbslunge und das Herz in einen Topf mit Wasser geben und auf den Herd stellen. Zwiebel, Lorbeerblatt, Thymian, zerdrückte Pfefferkörner sowie Salz beigeben und aufkochen. Etwa 1 ½ Stunden kochen lassen. Die Lunge mit dem Messer anschneiden. Sie darf innen noch etwas rosa sein. Die Lunge in leicht gesalzenes, kaltes Wasser legen und das Herz weiterkochen, bis es weich ist.

Für die Beuschelkräuter Essiggurken, Kapern, Sardellenfilets, Petersilie, Zwiebel und Knoblauch sowie etwas Zitronenschale fein hacken.

Lunge und Herz in feine Streifen schneiden. Sämtliche Röhren entfernen. Streifen in einen Topf geben, beiseitestellen. Das Mehl in Fett mit einer Prise Zucker braun rösten, die Beuschelkräuter zugeben, mitrösten und mit Weinessig ablöschen sowie mit geseihter Beuschelkochsuppe aufgießen. Ca. 15 Minuten verkochen lassen und auf die Beuschelstreifen passieren. Während das Ganze aufkocht, mit etwas Salz, Zitronensaft, 1 – 2 TL Senf, Majoran und Riesling abschmecken. Das fein geschnittene gekochte Wurzelwerk unter das Kalbsbeuschel heben und leicht mitkochen.

Für die Brioche-Knöderln die Brotwürfel mit lauwarmer Milch übergießen und mit Salz und Muskat vermischen. Zwiebel in zerlassener Butter ca. 5 Minuten hell andünsten und mit den Eiern locker unter das Brot kneten. Zu Knöderln oder Serviettenknödel formen und in reichlich siedendem Salzwasser ca. 10 Minuten, je nach Größe, köcheln lassen. Kurz vor dem Servieren die Knöderln in heißer Butter anbraten.

„Mein härtester Kritiker ist mein Sohn Julius. Wenn er glaubt, dass seine Pasta zu wenig gewürzt ist, legt er sofort seine Gabel weg und ruft: ‚Bissi Salz fehlt!' Und das mit zweieinhalb Jahren."

Seppi junior

Basilikum-Gnudi
mit mild geräuchertem Saibling im Honig-Fenchel

Zutaten für 4 Personen

Gnudi

300 g Topfen, lose

150 g passierte Erdäpfel, kalt

3 EL Parmesan

50 g handwarme Butter

80 – 90 g Mehl

1 Ei, Salz, Muskat

Mehl zum Schwenken

Pesto

1 Handvoll Basilikumblätter

150 ml Olivenöl, mild

Salz, Zucker

2 – 3 TL Pinienkerne

Honig-Fenchel

1 kleine Fenchelknolle

250 ml Wasser

80 ml Milch

50 ml Sahne

Honig, Salz, Pfeffer, etwas Zitronensaft

Fertigstellung

12 Kirschtomaten

1 EL Olivenöl

Zucker, Salz

etwas zerlassene Butter zum Schwenken

2 EL frisch geriebener Parmesan

300 g geräucherter Saibling, in Scheiben geschnitten

Zubereitung

Für die Gnudi den Topfen, passierte Erdäpfel, Parmesan, Butter, Mehl und Ei in eine Schüssel geben, mit Salz und Muskat würzen und zu einer dicken, gleichmäßigen Masse vermischen. Mit den Händen zu ovalen Nockerln formen und in Mehl schwenken. Kühl stellen.

Für den Honig-Fenchel das Grün von der Fenchelknolle entfernen, halbieren und den Strunk herausschneiden. Klein zusammenschneiden und in 250 ml Wasser weich kochen. Ein paar Tropfen Zitronensaft hineinpressen. Milch und Sahne zugeben und im Küchenmixer feinst pürieren. Mit Honig, Salz und Pfeffer abschmecken. Vor dem Anrichten schaumig aufmixen.

Für das Pesto Basilikumblätter, Olivenöl, etwas Salz, Zucker und Pinienkerne feinst mixen.

Fertigstellung

Die Kirschtomaten mit Olivenöl, Salz und Zucker marinieren und für ca. 5 Minuten ins vorgeheizte Rohr bei 200 °C schieben. Die Gnudi vorsichtig in reichlich siedendes Salzwasser legen und ca. 4 Minuten garen.

Die Saiblingsscheiben kreisförmig auf die Teller legen und mit Basilikumpesto umträufeln. Die in Butter geschwenkten und mit Parmesan bestreuten Gnudi in die Mitte des Tellers geben und mit heißem Honig-Fenchel-Schaum nappieren. Kirschtomaten dazugeben.

ZWISCHENGERICHTE 109

110 ZWISCHENGERICHTE

Lavanttaler Leberlan
auf gedämpftem Frühkraut und rotem Paprika

Zutaten für 4 – 6 Personen

Fülle

500 g gekochtes Beuschel,
80 g rohe Leber (Kalb oder Schwein)

1 Ei, 1 TL Salz, Pfeffer

40 g gehackte Zwiebel
1 TL Basilikum, 1 TL Majoran,
1 Knoblauchzehe

30 g mildes Olivenöl

1 Schweinsnetz

50 g zerlassene Butter

Germteig

25 g Hefe, 75 ml Milch, 1 EL Zucker

1 Ei und 1 Dotter

300 g Mehl

50 g handwarme Butter

Salz, etwas Zitronenschale

Frühkraut

500 g Frühkraut, fein geschnitten

1 EL Zwiebel, fein gehackt, 1 Lorbeerblatt, 1 Knoblauchzehe, fein gehackt

3 EL Olivenöl

6 cl Weißwein

100 ml Geflügel- oder Gemüsefond

1 TL Zitronenschale

etwas Kümmel, Salz, Pfeffer, Zucker

Paprikasauce

2 rote Paprika, halbiert, entkernt, in kleine Stücke geschnitten

1 EL gehackte Zwiebel, 1 Lorbeerblatt, 1 Rosmarinzweig

2 EL Olivenöl

2 Tomaten, klein geschnitten

Salz, Pfeffer, Zucker

300 ml Wasser

Fertigstellung

kurz überkochte Apfelscheiben und Paprikaperlen

Zitrone, Zucker, Olivenöl

Zubereitung

Für die Fülle Beuschel und Leber fein faschieren. Zwiebeln mit Knoblauch und Kräutern in Olivenöl hell anschwitzen und unter die faschierte Fülle mischen. 1 Ei untermischen und mit Salz sowie Pfeffer abschmecken. Walnussgroße Kugeln formen.

Für den Germteig die Hefe in etwas lauwarmer Milch glatt rühren, Zucker, Ei und Dotter dazugeben. Mit 2 EL des Mehls bestreuen und bei Zimmertemperatur zugedeckt gehen lassen, bis die Germ zu quellen beginnt (Dampfl). Mit den restlichen Zutaten so lange zu einem festen Teig kneten, bis er Blasen wirft. Bei Zimmertemperatur weitere 20 Minuten gehen lassen und anschließend zusammenschlagen.

½ cm dünn ausrollen und im Durchmesser von 6 – 7 cm rund ausstechen. Auf jede Teigscheibe gibt man eine Kugel der Fülle und zieht den Teig gut darüber. Zu Kugeln formen und auf ein befettetes Backblech im Abstand von 2 cm geben. Ca. 20 Minuten rasten lassen. Dann werden sie mit einem Stück Schweinsnetz einzeln umhüllt und mit zerlassener Butter bestrichen. Im vorgeheizten Rohr bei 180 °C ca. 15 – 20 Minuten backen.

Für das Frühkraut Zwiebel, Lorbeer und Knoblauch hell anschwitzen und das Kraut dazugeben. Mit Weißwein ablöschen und mit Geflügelfond aufgießen. Mit Zitronenschale, Kümmel, Salz, Pfeffer und Zucker abschmecken und ca. 15 – 20 Minuten dünsten.

Für die Paprikasauce die gehackten Zwiebeln mit Lorbeer und Rosmarin in Olivenöl hell anschwitzen. Paprika und Tomaten zugeben, mit Wasser aufgießen und einkochen lassen, bis die Flüssigkeit verkocht ist. Mit Salz, Pfeffer und Zucker abschmecken. Durch ein Sieb drücken und warm stellen.

Anrichten

Das Frühkraut auf Teller geben und die Leberlan draufsetzen. Mit roter Paprikasauce umgießen. Mit marinierten Apfelscheiben und Paprikaperlen umlegen.

112 ZWISCHENGERICHTE

Cremiges Polentagangerl
mit Butterbröseln und geräuchertem Topfenkäse

Zutaten für 4 – 6 Personen

Polenta

500 ml Wasser

200 ml Milch

150 ml Sahne

5 EL Polentagrieß (ca. 90 g)

50 g Butter

2 EL Olivenöl

Salz, Pfeffer

2 EL Parmesan

ca. 250 g kompakter geräucherter Topfenkäse

100 ml braune Bröselbutter

Zubereitung

Den Polentagrieß mit Wasser, Milch, Sahne, Butter und Olivenöl aufkochen. Mit Salz und Pfeffer würzen und den Parmesan einstreuen. Unter ständigem Rühren ca. 5 – 8 Minuten zu einem suppigen Brei einkochen.

Anrichten

In die Mitte der gewärmten Teller gießen und den Räuchertopfenkäse dazulegen.

Etwas Räuchertopfenkäse über die Polenta hobeln und mit heißer, brauner Bröselbutter umgießen.

Josef senior:

„Es gibt nur einen Star in der Küche."

Seppi junior:

„Dich?"

Josef senior:

„Das Produkt."

Seppi junior:

„Eh klar. Guter Spruch."

Josef senior:

„Stammt nicht von mir, sondern von Eckart Witzigmann."

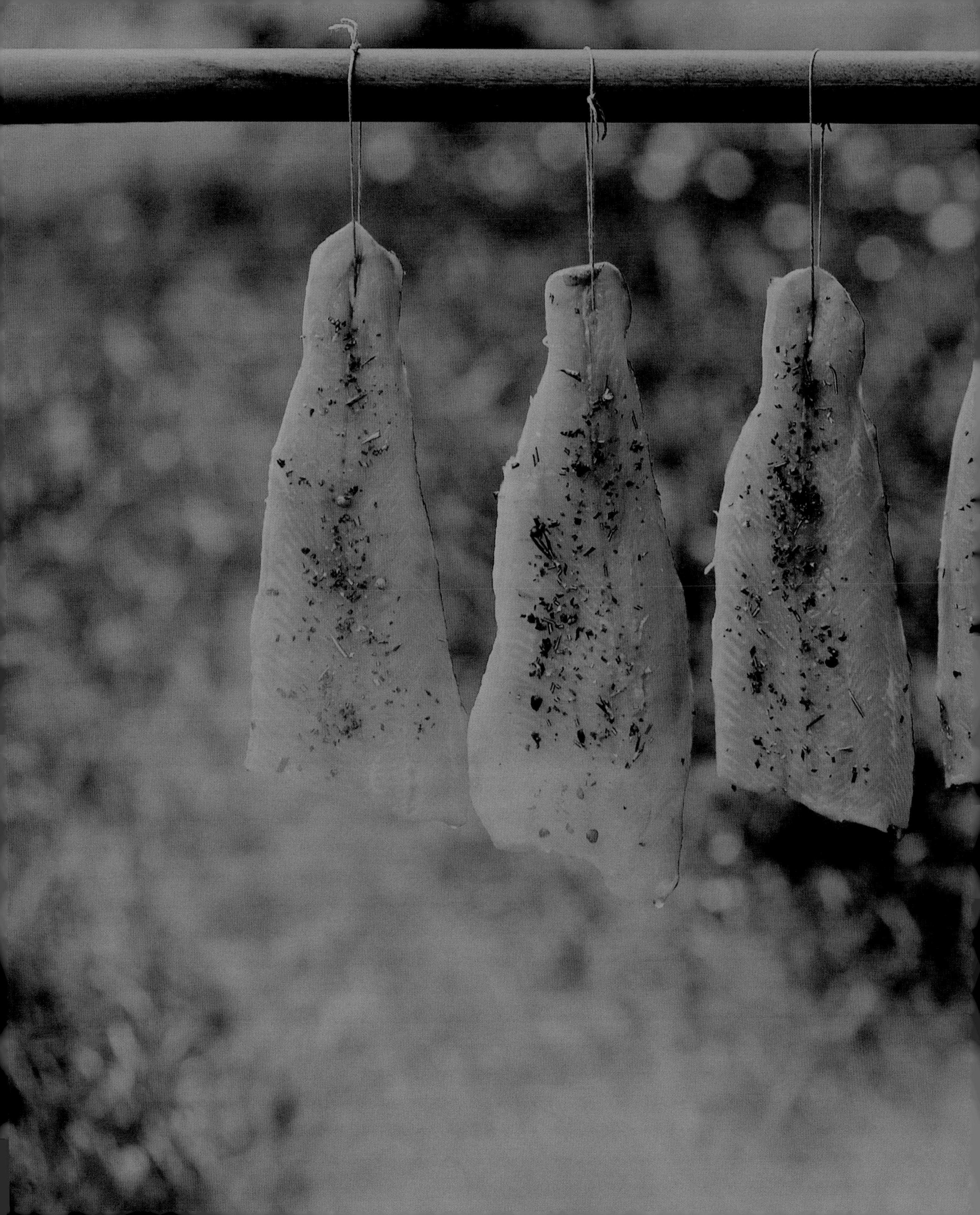

AN DER ANGEL

Fisch & Meeresfrüchte

AN DER ANGEL
FISCH & MEERESFRÜCHTE

Zander-Szegediner
mit Zitronenlinsen, Wacholder-Gnocchi und gelbem Paprika

Zutaten für 4 Personen

Fisch
- ca. 500 g Zanderfilet
- Salz, Pfeffer, Zitrone, Olivenöl

Zitronenlinsen
- 2 EL helle Linsen, 2 EL dunkle Linsen
- etwas Öl, 10 g Speckstreifen, 10 g Zwiebelwürfel
- Zitrone, Salz, Pfeffer
- ½ EL Margarine

Gnocchi
- 250 g mehlige Erdäpfel, passiert
- 80 g Mehl, 25 g weiche Butter, 1 Ei
- 50 ml Sahne
- 4 zerstampfte Wacholderbeeren
- Salz, Pfeffer, Muskat
- Mehl für die Arbeitsfläche

Sauerkraut
- 200 g Sauerkraut
- 1 EL Zwiebel, fein gehackt, 2 EL Butter, ½ EL edelsüßes Paprikapulver
- ¼ l Rindssuppe, 2 – 3 halbierte Wacholderbeeren
- 1 TL Zitronenzesten, 2 Lorbeerblätter
- Zucker, Salz

Gelber Paprika
- 1 großer gelber Paprika, halbiert, entkernt
- 250 ml Wasser
- 50 ml Milch, 50 ml Sahne
- ½ Knoblauchzehe
- Salz, Zucker, Pfeffer
- frischer Zitronenthymian

Zubereitung

Für das Sauerkraut die Zwiebel in Butter hell andünsten und das Paprikapulver einrühren. Suppe, Wacholder, Zitronenzesten und Lorbeer zufügen. Sauerkraut unterheben und zugedeckt ca. 15 Minuten dünsten. Mit Zucker und Salz würzen.

Für die Gnocchi Erdäpfel, Mehl, Butter und Ei in eine Schüssel geben und mit Salz und Muskat würzen. Zu einem festen Teig vermischen. Auf bemehlter Arbeitsfläche 2 fingerdicke Rollen formen und im Abstand von 4 – 5 cm abtrennen. Mit einer Gabel leicht andrückend in Form bringen und auf einem bemehlten Blech kühl stellen.

Die Linsen separat in Salzwasser weich kochen und abschütten. In Öl der Reihe nach Speck, Zwiebel und etwas Zitronenschale andünsten. Linsen zufügen und mit Salz und Pfeffer würzen. ½ EL Margarine zugeben.

Für den gelben Paprika diesen klein schneiden und im Wasser weich kochen. Milch, Sahne und Knoblauch zugeben und fein mixen. Durch ein Sieb streichen, mit Salz, Zucker und Pfeffer würzen und vor dem Anrichten schaumig schlagen.

Fertigstellen

Die Gnocchi in siedendem Salzwasser ca. 3 – 4 Minuten köcheln lassen. Sobald sie an der Oberfläche schwimmen, sind sie fertig. In mit Salz, Pfeffer und Wacholderbeeren gewürzter Sahne 2 Minuten schwenken.

Zanderfilet in Stücke schneiden und mit Salz, Pfeffer und Zitronensaft würzen. In Olivenöl beidseitig anbraten und je nach Dicke langsam am Herdplattenrand fertig garen.

Das Kraut in die Mitte der Teller setzen und mit Wacholder-Gnocchi sowie Linsen umlegen. Zanderstückerln auf das Kraut setzen und mit aufgemixtem Paprikaschaum umziehen. Mit Zitronenthymian garnieren.

Kaiserforellenknöderln
mit knusprigen Erdäpfeln, Riesling-Hollandaise, Kernöl und Zitronenartischocken

Zubereitung

Für die Knöderln das Mehl mit Dotter, Wasser, Milch, einer Prise Salz und Olivenöl zu einem glatten Teig verkneten und 1 Stunde rasten lassen.

Für die Fülle das Kaiserforellenfilet in 1 cm große Würfel schneiden. Mit der schaumigen Butter, dem geriebenen Toastbrot, den Kräutern und der Zitronenschale vermischen und mit Salz sowie Pfeffer abschmecken.

Für die Knöderln den Teig dünn ausrollen und in Quadrate von 8 x 8 cm schneiden und mit Wasser bestreichen. Aus der Forellenfülle kleine Kugeln in der Größe eines ½ EL formen und auf dem Teig verteilen. Den Teig etwas überstehen lassen, fest zusammendrücken und den Teigrest wegschneiden. Auf einem bemehlten Blech kühl stellen.

Die Artischocken halbieren und mit Zucker, Salz, Zitrone und Olivenöl marinieren.

Für die knusprigen Erdäpfel die Kartoffelstäbchen in heißem Öl goldgelb herausbacken und auf Küchenrolle abtropfen lassen und salzen.

Fertigstellung

Die Kaiserforellenknöderln in reichlich siedendem Salzwasser ca. 5 – 7 Minuten gar ziehen lassen und in brauner Butter vorsichtig schwenken. Mit jungen Wiesenkräutern bestreuen.

Für die Riesling-Hollandaise Dotter, Riesling, Salz und Zitrone über Wasserdampf schaumig aufschlagen und lauwarme zerlassene Butter nach und nach einrühren.

Die Knöderln auf Teller geben und mit Kartoffelstäbchen belegen. Die vorher kurz erwärmten Artischocken dazugeben. Die Hollandaise durch den Teller ziehen und diesen mit Kernöl beträufeln.

Zutaten für 4 Personen

Kaiserforellenknöderln

150 g glattes Mehl

150 g griffiges Mehl

2 Dotter

60 ml Wasser

100 ml Milch

Salz, 3 EL Olivenöl

Fülle

1 Kaiserforellenfilet (ca. 300 g), entgrätet und enthäutet

150 g Butter, schaumig gerührt

4 EL Toastbrot ohne Rinde, fein gerieben

2 EL Kräuter, gehackt (Kerbel, Petersilie, Thymian)

Schale einer ½ Zitrone

Salz, Pfeffer

Zitronenartischocken

4 Artischocken, speisefertig

Zucker, Salz, Zitrone, Olivenöl

Riesling-Hollandaise

2 Dotter

50 ml Riesling

Salz, Zitrone

60 g zerlassene Butter

Erdäpfel

2 rohe Erdäpfel, geschält und in dünne Stäbchen geschnitten

Öl zum Backen, etwas Salz

Kernöl, junge Wiesenkräuter, braune Butter

AN DER ANGEL
FISCH & MEERESFRÜCHTE

Zart gebratene Seeforelle »natur« mit frischen Erdäpfelpüree-Draukrebserln

Zubereitung

Die Draukrebse 2 Minuten ins kochende Wasser geben, herausnehmen, kalt abschrecken und ausbrechen.

Für den Krebsfond die Karkassen in Olivenöl braun anrösten. Karotten, Lorbeerblätter, Rosmarin und Butter beigeben und kurz mitrösten. Mit Cognac ablöschen und mit Wasser bedeckt aufgießen. Mit Salz, Pfeffer, Honig und Tomatenmark würzen. Ca. 1 Stunde reduzieren lassen und durch ein feines Sieb gießen.

Für die Krebslsauce Krebsfond, Milch, Sahne, Cognac und weiße Einbrenn aufkochen, mit Salz und Pfeffer abschmecken und kurz vor dem Anrichten schaumig aufmixen.

Für das Erdäpfelpüree Milch mit Butter aufkochen, aufmixen und die passierten Erdäpfel einrühren. Mit Salz und Muskat abschmecken.

Das Seeforellenfilet portionieren und mit Salz, Pfeffer und Zitrone würzen. In der Pfanne mit etwas Olivenöl und Knoblauch resch anbraten.

Anrichten

Erdäpfelpüree auf Teller dressieren und die vorher in etwas Krebssauce heiß gemachten Krebse darauflegen. Die Seeforelle dazu anrichten und mit etwas Bröselbutter umgießen. Die schaumig gemixte Sauce über das Krebspüree ziehen.

„In den einfachen Gerichten erkennt man das Wahre, das Natürliche."

Seppi junior

Zutaten für 4 Personen

500 g Seeforellenfilet, entgrätet

12 – 15 Draukrebse

Salz, Pfeffer

Olivenöl, 1 Knoblauchzehe

Zitronensaft

Erdäpfelpüree

250 g heiße Erdäpfel, geschält und durch die Presse gedrückt

ca. 100 ml Milch

30 ml Butter

Salz, Muskat

Bröselbutter mit frisch gehackten Kräutern (ca. 50 ml)

Krebsfond

2 EL Olivenöl

Draukrebskarkassen

2 geschälte Karotten, grob geschnitten

2 Lorbeerblätter, 1 Rosmarinzweig

50 g Butter

2 – 4 cl Cognac

Salz, Pfeffer

1 TL Honig

½ EL Tomatenmark

Krebslsauce

200 ml Krebsfond

50 ml Milch

50 ml Sahne

2 cl Cognac, Salz, Pfeffer

ca. ½ EL weiße Einbrenn

FISCH & MEERESFRÜCHTE

AN DER ANGEL
FISCH & MEERESFRÜCHTE

Zart gebratenes Saiblingsröllchen
auf gehackten Eierschwammerln und kleinen Kärntner Nudeln

Zutaten für 4 Personen

Saiblingsröllchen

4 Saiblingsfilets à 90 – 100 g, enthäutet und entgrätet

Salz, Pfeffer, Zitrone, Knoblauch, Olivenöl

4 Rosmarinzweige, Holzspieße

Eierschwammerln

150 g Eierschwammerln, geputzt und gehackt

1 EL Zwiebel, fein gehackt

Olivenöl

Salz, Pfeffer

1 TL Rosmarin, feinst geschnitten

1 Messerspitze Senf

Zitronensaft, 1 EL Sahne

12 kleine Kärntner Nudeln (Rezept siehe Seite 81)

braune Butter zum Schwenken

2 EL geschabter Parmesan

8 rohe Spargelstreifen

Zubereitung

Die Saiblingsfilets mit Salz, Pfeffer und Zitrone würzen, einrollen und mit einem Holzspieß fixieren. Den Rosmarinzweig in die Mitte stecken. In der Pfanne mit etwas Knoblauch und Olivenöl beidseitig anbraten und im vorgeheizten Rohr bei 180 – 200 °C ca. 3 – 4 Minuten fertig garen.

Die Zwiebel in etwas Olivenöl hell anschwitzen und die Eierschwammerln dazugeben. Mit Salz, Pfeffer, Rosmarin, Senf und etwas Zitronensaft würzen. Die Sahne beifügen und warm stellen.

Die Kärntner Nudeln in reichlich siedendem Salzwasser ca. 2 – 3 Minuten garen, abtropfen lassen und in brauner Butter schwenken.

Anrichten

Die Eierschwammerln jeweils in die Mitte der Teller geben und die Kärntner Nudeln auflegen. Den Holzspieß aus dem Saibling ziehen und das Röllchen auf die Eierschwammerln setzen. Den Parmesan anhäufen und die Spargelstreifen dazu platzieren. Mit etwas brauner Butter umgießen.

Seppi junior:

„Mit zehn Jahren hatte ich einen fixen Platz in der Küche. Da schmeckte ich bereits die Saucen ab."

Josef senior:

„Das hat sich ausgezahlt. Seppis Lehrmeister im Arlberg Hospiz hat mich einmal angerufen und gesagt: ‚Herrschaftszeiten, was macht denn der Bua für Saucen!'"

Geröstete Knoblauch-Porree-Scampi

mit gesüßten Tomaten und Frühlingszwiebeln

„Mein Arbeitsprofil? HÜPF, SPRING, LAUF. Das hat jedenfalls der bekannte Gastro-Journalist Heinz Grötschnig in seinem ersten Artikel über mich geschrieben. Das war vor über 30 Jahren."

Josef senior

Vorbereitung

Von den Frühlingszwiebeln benötigt man ca. 5 cm vom unteren, weißen Teil. Wasser, Safran, Rosmarinzweig und Weißweinessig aufkochen und mit Salz sowie Zucker abschmecken. Die Zwiebeln kurz überkochen und kalt abschrecken. Mit dem Kochfond abermals übergießen und über Nacht kalt stellen.

Zubereitung

Die Tomaten mit Traubenessig, Olivenöl, Salz und etwas Zucker marinieren und in der Tellermitte rund anrichten.

Die Frühlingszwiebeln abtropfen lassen, mit etwas Olivenöl und Zitrone marinieren, zwei Mal einschneiden und in die Mitte der Tomaten setzen.

Für die Scampi die Scampischwänze mit Salz, Pfeffer und Zitrone würzen und in einer heißen Pfanne mit Olivenöl beidseitig rösten. Knoblauch, Lauch und Petersilie untergeben und nochmals kurz durchschwenken. Rund um den Salat anrichten und etwas Öl aus der Pfanne drübergießen.

Zutaten für 4 Personen

Scampi

12 Scampischwänze, halbiert und ohne Darm

Salz, Pfeffer, Olivenöl

1 EL Knoblauch

Petersilie und Lauch, fein gehackt

½ Zitrone

Tomaten

12 Rispenkirschtomaten, geviertelt

roter oder weißer Traubenessig

Olivenöl, extra vergine

Salz, Zucker

Frühlingszwiebel

4 Frühlingszwiebeln

200 ml Wasser

1 Messerspitze Safran

Salz, Zucker, 1 Rosmarinzweig

2 cl Weißweinessig

Zitronensaft, Olivenöl

AN DER ANGEL
FISCH & MEERESFRÜCHTE

In Kren-Honigmilch gebratener weißer Waller
mit Vollkorn-Rüben-Tascherl

Zubereitung

Nudelteig wie auf Seite 204 zubereiten.

Für die Fülle eine der gekochten, geschälten Rüben im Küchenmixer mit etwas Wasser dick pürieren und auskühlen lassen. Die gekochten und geschälten Erdäpfel durch die Kartoffelpresse drücken und mit dem Rübenpüree vermischen. Schaftopfen, Honig, Parmesan und Kren unterheben. Mit Salz und Muskatnuss abschmecken. 1 Stunde kalt stellen.

Für die Honigmilch alle Zutaten aufkochen, gut mixen, durch ein Sieb drücken und zur Seite stellen.

Für den Rübensirup den Rübensaft mit Honig aufkochen und mit ein paar Tropfen Maisstärke sämig abziehen und beiseitestellen.

Für die Rübentascherln den Teig mit der Nudelmaschine zu dünnen Bahnen ausrollen und auf eine bemehlte Arbeitsfläche legen. Die Hälfte der Nudelplatten mit verquirltem Ei oder Wasser bestreichen. Im Abstand von 4 cm je einen ½ EL der Fülle draufsetzen und mit den übrigen Nudelplatten abdecken. Den Teig rund um die Fülle fest andrücken und mit einem runden Ausstecher Tascherln formen.

Für den Waller die 4 – 5 Metallringe (Durchmesser: 5 cm) mit Butter ausstreichen. Aus dem Wallerfilet 1 cm dicke Tranchen schneiden und die Metallringe damit auslegen. Mit Salz, Pfeffer und Zitrone würzen und mit Olivenöl beträufeln. In der Pfanne mit etwas Olivenöl und Knoblauchzehe beidseitig anbraten und 4 – 5 Minuten im vorgeheizten Ofen bei 150 °C fertig garen.

Fertigstellung

Die Tascherln im kochenden Salzwasser ca. 2 Minuten garen und dann in Butter schwenken. Honigmilch und Rübensirup erwärmen. Den Waller aus den Formen nehmen und in der Mitte der Teller anrichten. Das Rübentascherl draufsetzen und mit aufgeschäumter Honigmilch umgießen. Mit Rübensirup nappieren.

Die zweite Rübe in Form bringen, in heißer Butter schwenken, mit Salz und Honig würzen und als Beilage anrichten. Krenspäne darüberhobeln.

Zutaten für 4 Personen

Waller

500 g weißer Waller, filetiert und fein zugeputzt

Salz, Pfeffer und Zitrone

ca. 60 g Butter

Olivenöl, Knoblauchzehe

Nudelteig mit Vollkornmehl

200 g glattes Mehl, Type 480

100 g Weizenvollkornmehl

3 Eier

2 EL Olivenöl, Salz

wenn nötig: 1 – 2 EL Wasser (Das Vollkornmehl kann etwas mehr Flüssigkeit aufnehmen als andere Mehlsorten.)

Honigmilch

150 ml Milch

50 ml Sahne

100 ml Fischfond oder klare Gemüsesuppe

½ EL Honig

1 EL Kren

Salz, etwas weiße Einbrenn zum Binden

Fülle

2 größere Rote Rüben, weich gekocht und geschält

2 Erdäpfel, gekocht und geschält

250 g Schaftopfen, fest

2 TL Honig, 2 EL Parmesan

1 EL geriebener Kren

Salz, etwas Muskatnuss

Rübensirup

200 ml roter Rübensaft (Reformhaus)

1 – 2 TL Honig

etwas Maisstärke, mit Wasser angerührt

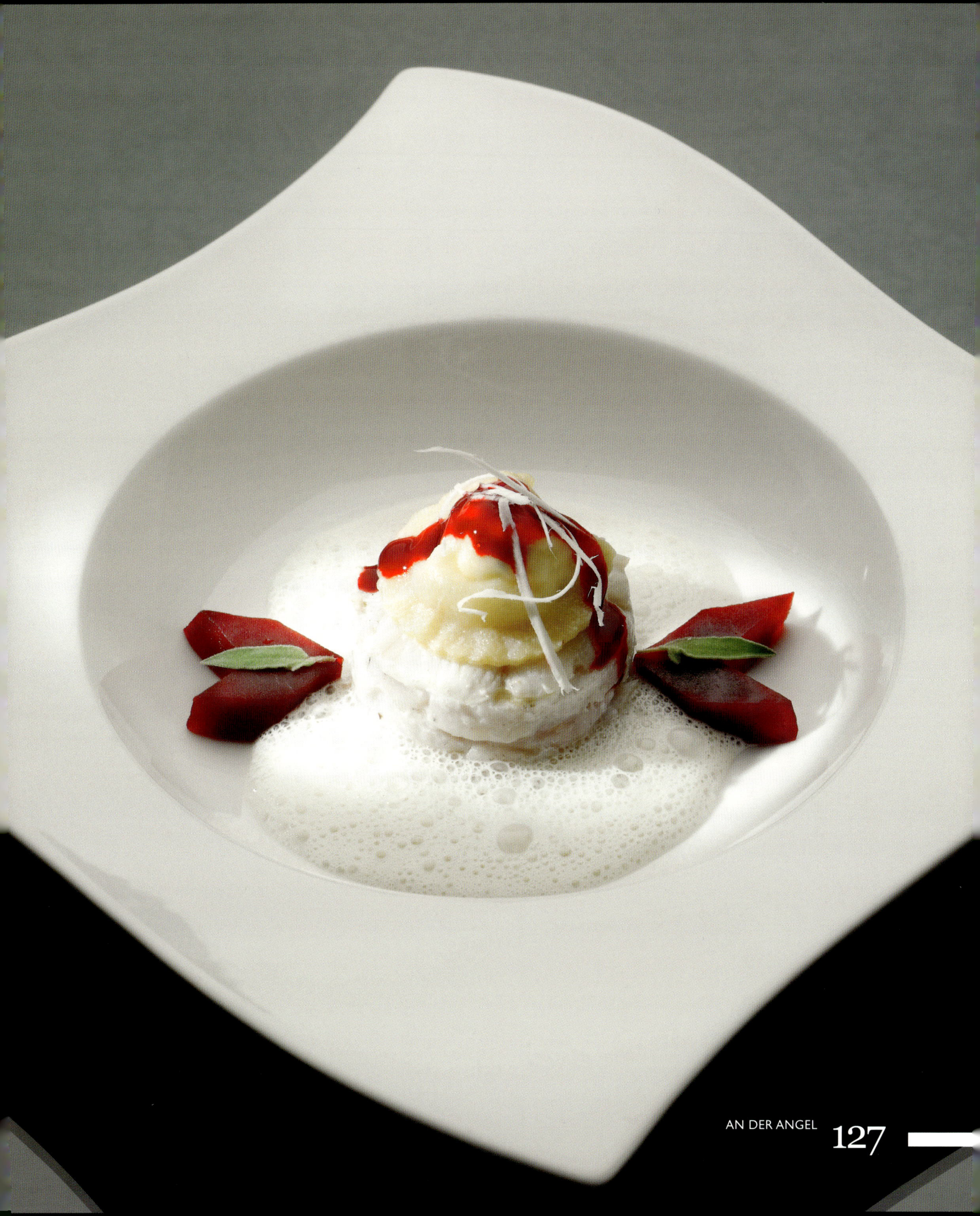

Überkrustete Jakobsmuschel
mit flaumigen roten Paprikaknöderln, Olivenöl und Honig-Kren-Schaum

Zutaten für 4 Personen

Muscheln

8 Jakobsmuscheln ohne Rogen

Olivenöl, etwas Butter, Salz, Pfeffer, Zitrone

Paprikaknöderln

300 g Topfen, lose

150 g passierte Erdäpfel

3 EL Parmesan, gerieben

50 g weiche Butter

80 g Mehl

1 Ei, 1 EL Grieß

Salz, Muskat

4 TL Zucker

Mehl zum Schwenken

2 rote Paprika, halbiert und entkernt

Salz, Pfeffer, Zucker, Olivenöl, etwas Zitrone, Rosmarinzweig

Honig-Kren-Schaum

100 ml Milch

100 ml Sahne

100 ml Gemüse- oder Fischfond

2 cl weißer Martini, 2 TL Honig

etwas Einbrenn zum Binden

Salz, weißer Pfeffer

2 EL geriebener Kren

Zum Überkrusten

ca. 50 ml Bröselbutter

1 gekochtes geschältes Ei, klein gehackt

1 TL Petersilie, fein gehackt

Fertigstellung

etwas Friséesalat zum Garnieren, Olivenöl, extra vergine

Zubereitung

Für die Paprikaknöderln den Paprika klein schneiden und mit Wasser bedeckt weich kochen. Im Küchenmixer mit wenig Wasser dick pürieren. Mit Salz, Pfeffer, Zucker und etwas Zitrone abschmecken. Rosmarinzweig dazugeben und 1 EL Olivenöl einfließen lassen. Beiseitestellen.

Topfen, passierte Erdäpfel, Parmesan, Butter, Mehl, Ei und Grieß in eine Schüssel geben und mit Salz, Muskat sowie Zucker würzen und zu einem dicken, gleichmäßigen Teig vermischen. Zu kleinen Knöderln formen, in Mehl schwenken und kühl stellen.

Für den Honig-Kren-Schaum Milch, Sahne, Fond, Martini und Honig aufkochen, etwas Einbrenn beifügen und kurz weiterkochen. Mit Salz und Pfeffer würzen und den Kren dazugeben. Mit dem Stabmixer gut verrühren und durch ein Sieb streichen. Vor dem Anrichten schaumig aufmixen.

Fertigstellung

Die Knöderl in reichlich siedendem Salzwasser vorsichtig ca. 4 Minuten köcheln und 3 – 4 Minuten ziehen lassen.

Die Jakobsmuscheln mit Salz, Pfeffer und Zitrone würzen und in Olivenöl mit etwas Butter beidseitig anbraten. Die Bröselbutter mit Ei und Petersilie vermischen und auf die Muscheln streichen (Dicke: ca. 0,5 cm). Im vorgeheizten Rohr bei 210 °C ca. 2 Minuten überkrusten.

Die Muscheln auf die Teller setzen, die Knöderl dazugeben und mit roter Paprikasauce übergießen. Den aufgemixten Honig-Kren-Schaum beigeben und mit Friséesalat garnieren. Etwas Olivenöl über das Gericht träufeln.

> *„Das Leben ist keine Rolltreppe, auf der man bequem Platz nehmen kann."*
>
> *Josef senior*

AN DER ANGEL
FISCH & MEERESFRÜCHTE

130 AN DER ANGEL
FISCH & MEERESFRÜCHTE

Sauté von frischen Steinpilzen
und Branzino mit Bröseltopfenknöderln und mildem Wacholder

Zutaten für 4 Portionen

Bröseltopfenknöderln siehe
Rezept auf Seite 77

Knöderln

zum Nappieren der Knöderln
etwas dickere braune Butterbrösel

frische Kräuter

Fisch

Branzino (Wolfsbarsch) mit
1,4 kg Gewicht, filetiert und entgrätet

1 EL feines Meersalz

½ Zitrone

2 EL Olivenöl

1 Knoblauchzehe

1 Rosmarinzweig

Steinpilze

3 frische Steinpilze, sauber zugeputzt

1 EL Olivenöl

1 EL Petersilie, gehackt

Salz, Pfeffer aus der Mühle

Milder Wacholder

⅛ l Milch

⅛ l Sahne

60 ml Wasser oder Hühnersuppe

½ EL weiße Einbrenn

5 Wacholderbeeren, gehackt

1 kleiner Rosmarinzweig

1 Moccalöffel Honig, Salz, Pfeffer

Zubereitung

Für die Wacholdersauce Milch, Sahne, Wasser oder Hühnersuppe, weiße Einbrenn, Wacholderbeeren, Rosmarinzweig und Honig aufkochen, 2 Minuten ziehen lassen und durch ein Sieb streichen. Mit Salz und Pfeffer würzen, aufmixen und warm stellen.

Für die Topfenknöderln etwas Salz und den Rosmarinzweig in einem Topf mit reichlich Wasser zum Sieden bringen. Aus der Topfenmasse Knöderln formen und in das Wasser einlegen. Nochmals aufkochen, dann den Deckel auf den Topf geben und vom Herd nehmen. Zugedeckt 12 – 15 Minuten ziehen lassen.

Den Branzino in Portionen schneiden, mit Meersalz und Zitrone würzen und im heißen Olivenöl mit Knoblauch und Rosmarin je nach Stärke 2 – 3 Minuten braten. Die Filets sollten nicht viel Farbe annehmen.

Die geputzten und in Scheiben geschnittenen Steinpilze in Olivenöl resch braten. Mit Salz und Pfeffer würzen. Die gehackte Petersilie untermischen.

Anrichten

Den Branzino auf den Steinpilzen anrichten und mit aufgeschäumtem Wacholder umziehen. Mit Bröseltopfenknöderln und Kräutern servieren.

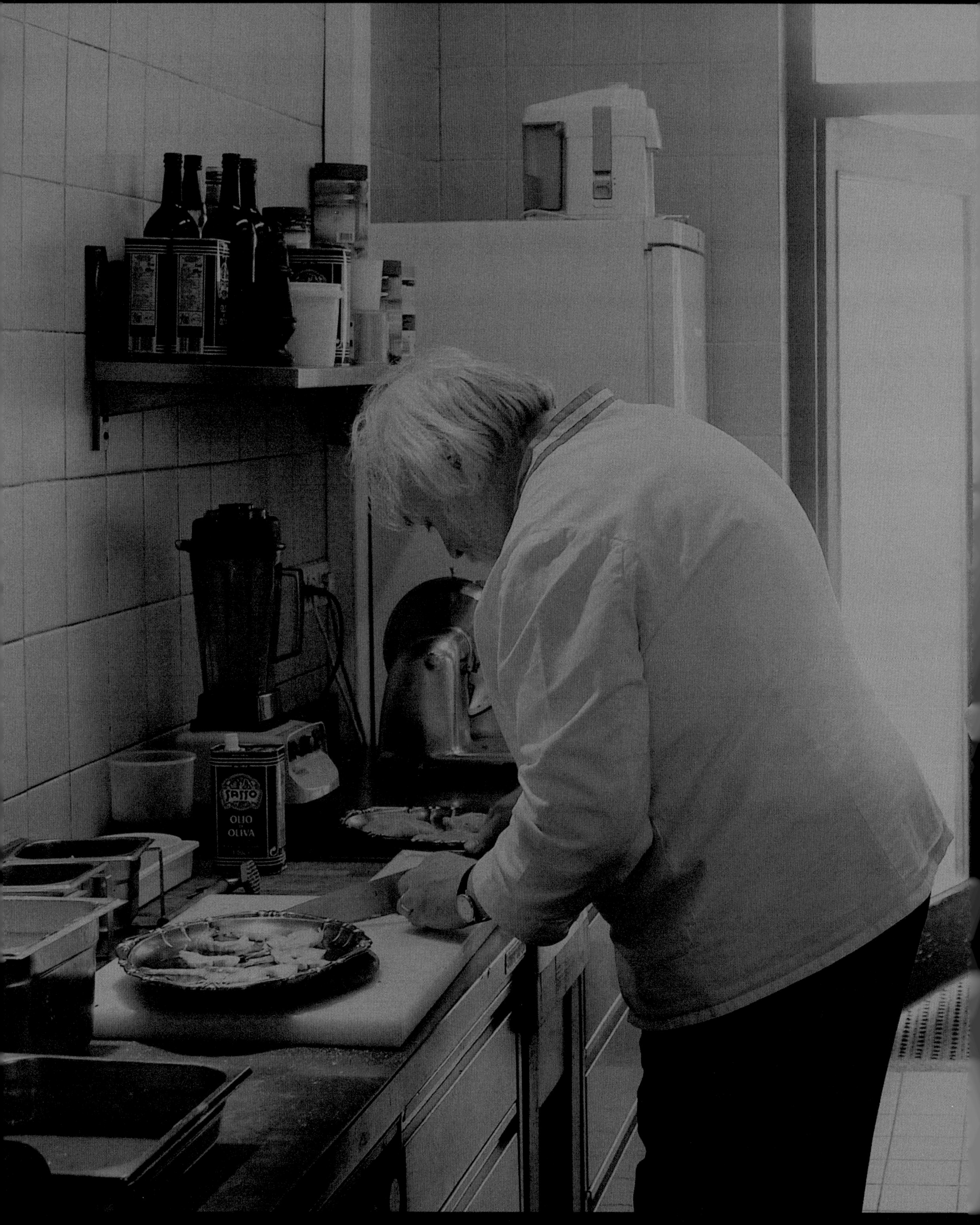
SASSO
OLIO
OLIVA

FLEISCH GERICHTE

Was Ordentliches zum Beißen

FLEISCHGERICHTE
WAS ORDENTLICHES ZUM BEISSEN

Geschmorter Ochsenschwanz
vom Jungrind mit Selleriepüree und Ofentomaten

Zutaten für 4 Personen

8 – 10 Ochsenschwanzscheiben aus der Mitte (Dicke je Scheibe: ca. 3 cm)

Salz, Pfeffer

etwas Mehl

1 EL Olivenöl

2 Zwiebeln

100 g Karotten, geschält und in kleine Stücke geschnitten

100 g Sellerie, geschält und in kleine Stücke geschnitten

5 Pfefferkörner

2 Lorbeerblätter

5 Wacholderbeeren, gestampft

1 EL Senf

¼ l Rotwein

2 EL Preiselbeermarmelade

1 – 2 EL Tomatenmark

⅛ l Madeira

etwas Zitronensaft

Ofentomaten

20 Rispen-Cocktailtomaten

Salz, Zucker, Olivenöl, frisch gerebelter Thymian

Selleriepüree

300 g dickes Selleriepüree

100 g passierte Erdäpfel

Salz, Pfeffer, Muskat

100 ml Milch

30 g flüssige Butter

Zubereitung

Für den Ochsenschwanz die Ochsenschwanzscheiben mit Salz und Pfeffer würzen, in Mehl wenden und in Olivenöl langsam anrösten. Die grob geschnittenen Zwiebeln, Karotten und Sellerie zugeben und goldbraun mitrösten. Mit etwas Mehl bestreuen und mit Paradeisermark würzen. Ebenfalls kurz mitrösten. Mit 2 l Wasser aufgießen. Pfefferkörner, Lorbeerblätter und Wacholderbeeren einstreuen und zugedeckt im Rohr etwa 3½ Stunden bei 180 – 200 °C dünsten und gelegentlich umrühren. Sobald das Fleisch weich ist und sich leicht zu lösen beginnt, in ein anderes Geschirr umleeren. Die Sauce entfetten, reduzieren und mit Senf, Rotwein, Preiselbeeren, Madeira und etwas Zitronensaft abschmecken und über das vorher ausgelöste Fleisch passieren. Einige Minuten nachdünsten lassen.

Für das Selleriepüree Milch und Butter aufkochen und im Stabmixer schaumig schlagen. Das Selleriepüree und die passierten Erdäpfel einrühren und mit Salz, Pfeffer und Muskat abschmecken.

Für die Ofentomaten die Tomaten leicht einschneiden und mit Salz, Zucker und Thymian würzen. Mit etwas Olivenöl übergießen und im vorgeheizten Rohr bei 180 °C ca. 5 – 7 Minuten garen.

Fertigstellung

Das Fleisch am Teller anrichten und mit etwas Sauce überziehen. Selleriepüree und Ofentomaten dazulegen. Mit etwas Tomaten-Olivenöl aus dem übriggebliebenen Saft der Ofentomaten übergießen.

Karreebratl vom heimischen Lamm
im Rosmarin-Natursaft, Erdäpfelkrapferln und Paprika-Tomaten

Zutaten für 4 Personen

800 g Lammrücken, ausgelöst, entsehnt, mit leichtem Fettrand

500 g Lammparüren

1 Knoblauchzehe

1 Rosmarinzweig

½ l Rindssuppe

2 EL Öl

1 EL Tomatenmark

6 Pfefferkörner

70 g Sellerie, geschält und grob geschnittenSalz, Pfeffer

70 g Karotten, geschält und grob geschnitten

1 Lavendelblüte, Honig

Erdäpfelkrapferln

300 g kalte gekochte Erdäpfel, grob gehobelt

1 Dotter, Salz, Muskat, Olivenöl

Paprika-Tomaten

5 Rispen-Cocktailtomaten

1 großer roter Paprika, geschält, halbiert und entkernt

Salz, Zucker, Pfeffer aus der Mühle, Olivenöl

4 Spargelspitzen, gekocht und geviertelt

Butter zum Schwenken, Salz, etwas Zitrone

Zubereitung

Für die Sauce die Lammparüren im heißen Öl anbraten, Sellerie und Karotten mitrösten, bis alle Zutaten eine schöne braune Farbe annehmen. Pfefferkörner, Knoblauch und Rosmarin dazugeben und das Tomatenmark untermischen. Mit Rindssuppe aufgießen und einen kräftigen Lammfond ziehen. Zur Sauce einkochen, passieren und mit Salz, Pfeffer sowie etwas gehacktem Knoblauch abschmecken.

Für das Karreebratl den ausgelösten und zugeputzten Lammrücken portionieren und mit Salz und Pfeffer würzen. Das Fleisch beidseitig knusprig anbraten und mit Thymian sowie der Lavendelblüte bestreuen. Mit etwas Honig beträufeln und ca. 6 Minuten bei 200 °C ins vorgewärmte Backrohr geben.

Für die Erdäpfelkrapferln die grob gehobelten Erdäpfel mit dem Dotter mischen und mit Salz und Muskat würzen. Zu runden Krapferln formen und in der Pfanne beidseitig knusprig anbraten.

Für die Paprika-Tomaten aus dem Paprika vier runde Scheiben ausstechen, kurz blanchieren, abtropfen lassen und auf ein Blech geben. Die Tomaten etwas einschneiden, auf die Paprika geben und mit Salz, Zucker, Pfeffer würzen sowie Olivenöl übergießen. Für 6 Minuten mit dem Lamm gleichzeitig ins Rohr geben.

Anrichten

Die Spargelspitzen in Butter heiß schwenken, mit Salz und etwas Zitrone würzen, auf die Erdäpfelkrapferln geben und auf Tellern anrichten. Das Lammbratl schneiden und mit den Paprika-Tomaten anrichten. Mit etwas Sauce nappieren.

WAS ORDENTLICHES ZUM BEISSEN

Zart gebratener Rücken vom Bio-Milchkalb
im Apfel-Balsam auf suppigem Brennnessel-Naturrisotto und Frühlingszwiebeln

Zubereitung

Für das Brennnessel-Naturrisotto die Zwiebelstücke in etwas Olivenöl glasig andünsten und den Risottoreis zugeben. Kurz mitdünsten und mit Weißwein ablöschen. Mit Geflügelfond und Honig aufgießen und ca. 15 – 20 Minuten einkochen lassen. Der Reis sollte noch „Biss" haben. Mit Pfefferkörnern, Salz, Parmesan und Brennnesseln abschmecken.

Für das Fleisch und die Sauce die Kalbsrückenstücke mit Salz und Pfeffer würzen, in einer mit Öl erhitzten Pfanne beidseitig resch anbraten. Das Fleisch herausheben und auf ein Blech legen. Das Öl aus der Bratpfanne abgießen, mit dem Rindsfond ablöschen, den Apfel-Balsamessig sowie den Honig beigeben, aufkochen lassen und im feinen Sieb abseihen. Mit Salz, Pfefferkörnern und etwas frischem Lavendel abschmecken und sämig einkochen. Die angebratenen Kalbfleischstücke 4 – 5 Minuten bei 200 °C ins vorgeheizte Rohr geben, herausnehmen, kurz rasten lassen und zerteilen.

Anrichten

Das Brennnessel-Naturrisotto auf vorgewärmte Teller geben, mit Olivenöl beträufeln und geriebenen Parmesan darübergeben. Die Kalbfleischstücke darauf anrichten und mit der Sauce nappieren.

Mit in Wasser, Butter, Safran, Salz und Zucker weich gekochten Frühlingszwiebeln umlegen.

„Wenn ich im Traum von einem Pastatopf gefressen werde, brauche ich eine Pause."

Seppi junior über kleine Auszeiten von der Spitzengastronomie.

Zutaten für 4 Personen

Kalb

4 Stücke vom Kalbsrücken à 180 g

Salz, Pfeffer

1 EL Öl

Apfel-Balsam

150 ml Rindsfond

1 EL Apfel-Balsamessig

1 TL Honig, Salz, Pfeffer, 5 grüne Pfefferkörner

frischer Lavendel

Brennnessel-Risotto

1½ EL junge Brennnesseln, gehackt

2 EL Olivenöl

2 EL Zwiebel, fein gehackt

5 – 6 EL Risottoreis

100 ml Weißwein

ca. 550 ml Geflügel- oder Gemüsefond

1 TL Honig

2 – 3 zerdrückte Pfefferkörner, grün

Salz, 2 EL Parmesan, frisch gerieben

1½ EL Olivenöl, 2 EL Parmesan, frisch gerieben

Frühlingszwiebeln

12 Frühlingszwiebeln, in Stücke geschnitten (Dicke: ca. 3 cm)

200 ml Wasser

2 EL Butter

etwas Safran

Salz, Zucker

WAS ORDENTLICHES ZUM BEISSEN

140 FLEISCHGERICHTE
WAS ORDENTLICHES ZUM BEISSEN

Rosa gebratenes Honig-Entenbrüstl

in Muskateller-Traubenpfeffer, Erdäpfel-Topfenknöderl und glacierter Chicorée

Zutaten für 4 Personen

4 Freiland-Entenbrüstl à 150 g

1 EL Honig

Salz, Pfeffer aus der Mühle

Öl zum Anbraten

10 grüne Pfefferkörner

1/16 l Rindsfond

2 EL roter Portwein

1 EL Traubenmarmelade

20 Muskatellertrauben, geschält

Erdäpfel-Topfenknöderln

250 g kalte, pürierte mehlige Erdäpfel, am Vortag gekocht und über Nacht gekühlt

25 g handwarme Butter

Salz, Muskat

1 Ei

75 – 80 g glattes Mehl

Fülle

250 g Topfen, lose

etwas Salz

2 EL geriebener Parmesan

2 TL gerebelter Thymian, Schale einer ½ Zitrone

ca. 50 ml braune Butterbrösel zum Schwenken

Chicorée

2 – 3 Köpfe Chicoréesalat, halbiert und in Blätter gezupft

2 EL Butter

1 EL Olivenöl

1 Schuss Apfel-Balsamessig

Salz

Honig

Zitronenthymian

Zubereitung

Für die Erdäpfel-Topfenknöderln alle Zutaten zu einem geschmeidigen Teig verarbeiten. Zu einer Rolle im Durchmesser von 2,5 cm rollen und im Abstand von 3 cm durchschneiden. Kleine Schälchen zum Einschlagen formen.

Für die Fülle den Topfen mit etwas Salz, Parmesan, Thymian und Zitronenschale gut durchmischen und Kugeln im Durchmesser von 2 cm formen. In den Erdäpfelteig einschlagen, fest zusammendrücken und rund rollen. Auf ein bemehltes Blech setzen und kühlen. In reichlich siedendem Salzwasser 3 – 5 Minuten köcheln lassen.

Die Entenbrüstl auf der Hautseite einschneiden (schröpfen). Mit Salz und Pfeffer würzen. In der Pfanne das Öl erhitzen und die Entenbrüstl auf der Hautseite knusprig anbraten. Dann umdrehen und ca. 3 Minuten weiterbraten. Den Honig auf die Hautseite streichen und 7 Minuten bei 190 – 200 °C ins Backrohr geben. Herausnehmen und kurz rasten lassen.

Für die Muskateller-Traubenpfeffer-Sauce Rindsfond, Portwein, Traubenmarmelade und Pfefferkörner in einer Pfanne einreduzieren. Mit Salz und Pfeffer abschmecken. Die geschälten Trauben halbieren, entkernen und in der Sauce kurz ziehen lassen.

Für den Honig-Chicorée die gewaschenen Blätter trocknen und in einer heißen Pfanne mit Butter, Olivenöl, Apfel-Balsam, Salz, 2 TL Honig und Thymian glacieren. Kochwasser abgießen.

Anrichten

Die Entenbrüstl in Scheiben schneiden und auf die Teller legen. Knöderln mit etwas heißer Bröselbutter übergießen und mit dem glacierten Chicorée anrichten. Ein paar Trauben am Teller verteilen und mit der Sauce das Entenbrüstl nappieren.

FLEISCHGERICHTE
WAS ORDENTLICHES ZUM BEISSEN

Gefülltes Perlhuhnbrüstl
mit Morcheln und jungen Zwiebeln

Zutaten für 4 Personen

Perlhuhn

4 Perlhuhnbrüstl mit Flügel und Haut à 150 g

2 EL Öl

Salz, Pfeffer aus der Mühle

1 großer Rosmarinzweig

Fülle

2 Semmel, würfelig geschnitten

1/16 l Milch

1 Ei

1 TL Petersilie, gehackt

1 TL Salz und etwas geriebene Muskatnuss

2 Hühnerleber, sauber pariert und kleinwürfelig geschnitten

30 g Butter

Morcheln

10 frische Morcheln

10 g Zwiebeln, feinst gehackt

1 EL Olivenöl

1 TL Petersilie, gehackt

1 TL Salz, etwas Pfeffer

ein Schuss Weinbrand

1 EL Sahne

Zwiebeln

2 Bund junge Zwiebeln, zugeputzt und geschnitten

Salz, Zucker, Rosmarinzweig, Pfeffer

ein paar Safranfäden

200 ml Geflügelsuppe

2 EL Olivenöl

Zubereitung

Für die Fülle das Ei mit der Milch und den Gewürzen gut verrühren und unter die Semmelwürfel geben. Die Hühnerleber wird in heißer Butter sautiert und gut unter die Semmelmasse gemischt.

Die Perlhuhnbrüstl vom Knochen weg vorsichtig einschneiden und füllen. Mit einem Holzspieß verschließen. Mit Salz und Pfeffer würzen. In der Pfanne Öl mit Rosmarin erhitzen und die gefüllten Brüstln auf der Hautseite knusprig anbraten, wenden und kurz weiterbraten. Im vorgeheizten Rohr ca. 7 Minuten bei 200 °C braten. Mit etwas Geflügelsuppe und Olivenöl übergießen. Herausnehmen und etwas rasten lassen.

Für die Morcheln die Zwiebeln in Olivenöl anschwitzen, die geschnittenen Morcheln dazugeben und mit Salz, Pfeffer und Petersilie würzen. Mit Weinbrand ablöschen und die Sahne unterziehen. Mit etwas Bratensaft aus dem Rohr mischen.

Die Zwiebeln in der Geflügelsuppe mit Olivenöl, Salz, Zucker, Rosmarin, Pfeffer und etwas Safran kernig-weich dünsten und warm stellen.

Anrichten

Die Perlhuhnbrüstl halbieren und auf vorgewärmte Teller geben. Die Morcheln und die jungen Zwiebeln dazu anrichten. Mit etwas Bratensaft beträufeln. Eventuell etwas suppiges Erdäpfelpüree als zweite Beilage reichen.

„Es zieht erst dann ein Qualitätsdenken in die Küche ein, wenn man Ehrfurcht vor der Natur und ihren Gaben hat, jedes noch so kleine Blatt Minze respektiert."

Josef senior

Lammnuss-Bratl mit frischen Kräutern

„Freilich sind Auszeichnungen nicht so wichtig. Aber ich habe jedes Jahr drei Wochen vor Erscheinungstermin des Restaurantführers Gault Millau den damaligen Herausgeber Michael Reinartz angerufen und gefragt, wie es ihm geht."

Josef senior

Zubereitung

Die Lammnuss mit Salz und Pfeffer würzen. In der Pfanne das Öl erhitzen, das Fleisch einlegen und anbraten. Sämtliche Zutaten wie Wurzelwerk, Tomaten, Pfefferkörner, Knoblauch und Kräuter dazugeben und mitrösten. Mit der Hälfte der Rindssuppe aufgießen und im Rohr bei 200 °C braten. Das Fleisch mehrmals mit dem eigenen Saft übergießen. Das Lammfleisch durchbraten, wobei das Innere des Bratens zart rosa sein darf. Nach etwa 35 Minuten, wenn das Fleisch gar ist, die Lammnuss herausnehmen und warm stellen. Mit frischem Rosmarin und Thymian bestreuen. Die restliche Rindssuppe zum Bratgemüse geben, aufkochen und durchpassieren. Etwas reduzieren lassen und mit Salz und Pfeffer abschmecken. 1 EL Olivenöl dazugeben.

Als Beilage eignet sich ein einfaches Erdäpfelpüree oder Paradeisertascherln perfekt.

Zutaten für 4 Personen

Lammnuss, etwa 1 kg

1 EL Öl

1 EL Salz

Pfeffer aus der Mühle

150 g Wurzelwerk (Karotten, Sellerie, Petersilienwurzel), geschält und gewürfelt

2 Tomaten, geviertelt

6 Pfefferkörner

1 Knoblauchzehe, halbiert

1 Rosmarinzweig

1 Lavendelzweig

¼ l Rindssuppe

1 EL Olivenöl

Frischer Rosmarin und Thymian

FLEISCHGERICHTE
WAS ORDENTLICHES ZUM BEISSEN 145

146 WAS ORDENTLICHES ZUM BEISSEN

Rolle vom Tafelstück mit Béchamel-Kren-Spinat
und knusprigen Erdäpfeln

Zutaten für 4 Personen

Etwa 1,2 kg Tafelstück oder Tafelspitz

300 g Suppengemüse (Karotten, Sellerie, Petersilienwurzel, Lauch)

1 Zwiebel, halbiert und braun geröstet

3 Lorbeerblätter

6 Pfefferkörner

6 Wacholderbeeren

etwas Liebstöckel

2 Eiklar und die Eierschalen

5 gekochte geschälte Erdäpfel, in Scheiben geschnitten

Salz, Rosmarin, Olivenöl

Béchamelsauce

½ EL Mehl

2 EL Butter

300 ml Milch

Salz, Pfeffer

2 EL Kren, frisch gerieben

Spinat

120 g frischer Blattspinat

1/2 Knoblauchzehe

Salz, Pfeffer

1/2 EL Olivenöl

Zubereitung

Das Tafelstück in einen großen Topf geben und mit kaltem Wasser auffüllen. Das Suppengemüse, die gerösteten Zwiebeln und die Gewürze zugeben. Eiklar und die Schalen unterrühren und aufkochen. Danach das Ganze vor sich hin köcheln lassen. Die Kochzeit richtet sich nach der Qualität des Fleischstückes. Je höher die Qualität, desto kürzer die Kochzeit.

Den gewaschenen Spinat blanchieren und in Eiswasser abschrecken. Etwas zerdrückten Knoblauch dazugeben und alles im Küchenmixer fein pürieren. Aufkochen und mit Salz und Pfeffer gut abschmecken. Etwas Olivenöl einträufeln und warm stellen.

Für die Béchamel die Butter in der Pfanne zerlassen und Mehl unterrühren. Mit Milch aufgießen und solange kochen, bis die Béchamel eine sämige Konsistenz erreicht hat. Mit Salz und Pfeffer abschmecken und den geriebenen Kren unterrühren. Kurz aufmixen und warm stellen.

Die Erdäpfelscheiben in Olivenöl mit etwas Rosmarin knusprig anbraten und würzen.

Anrichten

Das Tafelstück in 12 dünne Scheiben schneiden und auf Teller geben. Die knusprig gebratenen Erdäpfel dazu anrichten. Spinat und Krenbéchamel um das Fleisch ziehen und mit etwas heißer Suppe umgießen. Die Tafelstückrollen leicht salzen. Eventuell klein geschnittenes Kochgemüse beilegen (Karotten, Petersilienwurzel).

148 FLEISCHGERICHTE
WAS ORDENTLICHES ZUM BEISSEN

Zartes vom Reh auf Wacholder-Kohlrabi und Salbeihonig-Kirschen

Reh

4 Rehrückenstücke mit Knochen (aber sehnenfrei) à 180 g

Salz, Pfeffer aus der Mühle

1 TL Honig

1 Lavendelblüte

1/16 l kräftiger Rotwein

1/16 l Wildfond

1 EL Preiselbeerkompott

1 EL Öl

Wacholder-Kohlrabi

2 Kohlrabi, geschält, in dünne Scheiben geschnitten und blanchiert

80 ml Milch

125 ml Sahne

Salz, Pfeffer

5 Wacholderbeeren

Salbeihonig-Kirschen

150 g Kirschen

300 ml Wasser

1 – 2 EL dalmatinischer Salbeihonig (Alternative: milder Wiesenhonig)

1 EL Zucker

3 Nelken

2 Salbeiblätter

Frische Gartenkresse und Salbeiblüten zum Garnieren

Zubereitung

Für die Salbeihonig-Kirschen das Wasser mit Salbeihonig, Zucker, Nelken und Salbeiblättern aufkochen. Die Kirschen einlegen und kurz vor dem Aufkochen kalt abschrecken. Das Kochwasser leicht abkühlen lassen und die Kirschen wieder zurück in die Flüssigkeit geben. Mindestens einen halben Tag darin ziehen lassen.

Für das Reh die Rehrückenstücke mit Salz und Pfeffer würzen und in der Pfanne mit etwas Öl rundum schön anbraten, herausnehmen und im vorgeheizten Rohr bei 180 °C etwa 6 Minuten braten. Den Bratrückstand in der Pfanne mit dem Wildfond und dem Rotwein aufgießen. Lavendel, Honig und Preiselbeerkompott dazugeben, aufkochen und reduzieren. Durch ein Sieb abseihen und abschmecken. Das Reh aus dem Rohr nehmen und etwas rasten lassen.

Für den Wacholder-Kohlrabi Milch, Sahne, etwas Salz, Pfeffer und die gehackten Wacholderbeeren aufkochen, 5 Minuten ziehen lassen und in eine Pfanne seihen. Die blanchierten Kohlrabischeiben dazugeben und erhitzen. Nochmals abschmecken. Kurz köcheln lassen.

Anrichten

Salbeihonig-Kirschen mit etwas Flüssigkeit erhitzen. Die Kohlrabischeiben am Teller anrichten, mit etwas Wacholdersahne übergießen und die Salbeihonigkirschen darauf anrichten. Das Reh am Knochen schneiden, an die Seite des Kohlrabis geben und mit Sauce nappieren. Mit frischer Gartenkresse und Salbeiblüten servieren.

Rückenstück vom Hirschkalb
im Zweigelt-Pfeffer, dazu Wacholder-Gnudi, Cassis-Schalotten und Marillen

Zutaten für 4 Personen

Hirschkalb
800 g Hirschkalbrücken (Stücke à 200 g), von allen Sehnen befreit

Salz, Pfeffer aus der Mühle

10 Pfefferkörner, grün, leicht zerstampft

5 Wacholderkörner, leicht zerstampft

1/16 l Wildfond

1/8 l Zweigelt

6 Pfefferkörner, grün, ganz

etwas Öl

Gnudi
300 g Topfen, lose

150 g passierte Erdäpfel

3 EL Parmesan

50 Butter, handwarm

80 – 90 g Mehl

1 Ei

Salz, Muskat

Mehl zum Schwenken

Wacholdersahne
50 ml Sahne, Salz, Pfeffer

1 EL Olivenöl, 5 Wacholderbeeren, gehackt

Cassis-Schalotten
12 – 15 Schalotten, geschält und halbiert

1 EL Olivenöl, mild

1 – 2 cl Cassis-Essig

1 Rosmarinzweig

2 TL Honig

Salz, Pfeffer aus der Mühle

Marillen
4 Marillen, 250 ml Wasser

3 EL Zucker, 3 Nelken, 1 Rosmarinzweig

Olivenöl, Saft 1 Zitrone

Zubereitung

Rezept für Gnudi siehe Seite 108.

Für die Wacholdersahne die Sahne mit etwas Salz, Pfeffer und den Wacholderbeeren aufkochen, vom Herd nehmen und 5 Minuten ziehen lassen. Durch ein Sieb seihen, mit einem Schuss Olivenöl in eine Pfanne geben und beiseitestellen.

Die Marillen im Ganzen entkernen und kurz ins kochende Wasser tauchen. Im kalten Wasser abschrecken und die Haut abziehen. Marillen mit Wasser, Zucker, Nelken und Rosmarin aufkochen und auf Zimmertemperatur auskühlen lassen. Die Marillen vierteln und mit wenig Zitronensaft und Olivenöl marinieren.

Für die Cassis-Schalotten die Schalotten in Olivenöl kurz anschwitzen und mit Cassis-Essig ablöschen. Mit Rosmarin, Honig, etwas Salz und Pfeffer würzen. Zugedeckt ca. 10 Minuten bei kleiner Hitze dünsten.

Den Hirschrücken mit Salz und Pfeffer würzen und in der Pfanne mit etwas Öl auf beiden Seiten braun anbraten und auf ein Blech legen. Die zerstampften Wacholderbeeren und Pfefferkörner zu den Bratresten in die Pfanne geben und mit Wildfond aufgießen. Den Rotwein dazugeben, einreduzieren und abschmecken. In eine kleine Kasserolle abseihen und ein paar Pfefferkörner einstreuen. Den Hirschkalbrücken im Rohr bei 200 °C etwa 5 Minuten rosa braten. Ungefähr 3 – 4 Minuten rasten lassen.

Fertigstellung

Die Gnudi in siedendes Salzwasser geben und ca. 3 – 4 Minuten köcheln lassen, bis sie oben schwimmen. Mit einem Siebschöpfer vorsichtig abseihen und in die heiße Wacholdersahne geben. Mit etwas Parmesan bestreuen.

Die Hirschkalbstücke schneiden und mit den Wacholder-Gnudi auf Teller geben. Die Schalotten mit den marinierten Marillen rund anrichten. Mit etwas Zweigelt-Pfeffersauce servieren.

FLEISCHGERICHTE
WAS ORDENTLICHES ZUM BEISSEN   151

Zwiebelhüferl
und knusprige Polentapalatschinke mit gelben Butterstrankerln

Zubereitung

Für die Polentapalatschinke Milch, Mehl, Eier, Salz und etwas Muskat glatt rühren und dünne Palatschinken backen. Ca. 5 – 6 Stück. Palatschinken leicht überlappend auflegen.

Für die Fülle Sahne, Milch, Wasser, Margarine, Olivenöl, Polentagrieß und Salz in einen Topf geben und unter ständigem Rühren aufkochen. Breiig einkochen, den Parmesan zugeben und die Palatschinken damit bestreichen. Straff einrollen und auskühlen lassen. In 2 cm dicke Scheiben schneiden und in etwas heißem Öl beidseitig goldbraun braten.

Für das Zwiebelhüferl die Fleischstücke mit Salz und Pfeffer würzen und in der Pfanne mit etwas Öl beidseitig resch anbraten. Die Hüferlstücke auf ein Küchenblech heben und den Bratrückstand in der Pfanne mit der Rindssuppe aufgießen, aufkochen lassen und in eine Kasserolle abseihen. Den Rindsfond und den Honig beimengen, etwas reduzieren und abschmecken. Die Hüferlstücke bei 200 °C ins Rohr geben und ca. 4 Minuten braten lassen. Herausnehmen und zugedeckt warm halten. Das restliche Öl in einer Pfanne erhitzen und die fein geschnittenen Zwiebeln goldbraun braten. Auf Küchenpapier abtropfen.

Anrichten

Das Fleisch schneiden, auf Teller legen und die knusprigen Zwiebeln draufsetzen. Mit etwas Natursaft nappieren. Mit gebratener Polentapalatschinke und heißen geschwenkten Butterstrankerln servieren.

„Erfolg hat man nur als Team."

Josef senior

Zutaten für 4 Personen

Hüferl
- 4 Scheiben à 150 g vom zarten Rindshüferl, zugeputzt
- Salz, Pfeffer aus der Mühle
- ⅛ l Öl
- 1 mittelgroße Zwiebel, geschält
- 1/16 l Rindssuppe
- 1 TL Honig
- 1/16 l Rindsfond

Butterstrankerln
- 200 g geputzte breite Strankerln (= Fisolen), weich gekocht
- Salz, Pfeffer, etwas Knoblauch
- 1 EL Butter, 1 Schuss Olivenöl
- 1 Prise Zucker

Polentapalatschinke
- ¼ l Milch
- 75 g Mehl
- 3 – 4 Eier
- Salz, Muskat
- etwas Öl für die Pfanne

Polentafülle
- 100 ml Sahne
- 250 ml Milch
- 500 ml Wasser
- 30 g Margarine
- 2 EL mildes Olivenöl
- 200 g Polentagrieß, hochgelb
- 2 – 3 TL Salz
- 6 EL Parmesan, gerieben

FLEISCHGERICHTE
WAS ORDENTLICHES ZUM BEISSEN 153

154 FLEISCHGERICHTE
WAS ORDENTLICHES ZUM BEISSEN

Gefüllter Schweinsbauch im Natursaft

Zutaten für 8 Portionen

Schweinsbauch

2 kg magerer Schweinsbauch, ohne Knochen und Schwarte

2 EL Salz, Pfeffer aus der Mühle

2 gepresste Knoblauchzehen

1 TL Kümmel

40 g Schweinsfett

½ l Wasser

10 g Mehl

Semmelfülle

5 Semmel

40 g Butter

30 g Zwiebel, fein geschnitten

1 EL Petersilie, gehackt

3 Eier

ca. 1/16 l Milch

etwas Salz und geriebene Muskatnuss

Zubereitung

In den Schweinsbauch eine tiefe Tasche einschneiden. Das Fleisch mit Salz und Pfeffer würzen, mit Knoblauch und Kümmel einreiben.

Für die Fülle die Semmeln leicht entrinden und würfelig schneiden. Zwiebeln in Butter anschwitzen, Petersilie dazugeben. Eier mit Milch und Gewürzen gut verrühren und die Zwiebeln dazugeben, unter die Semmelwürfel mischen und nicht all zu fest durchkneten. 10 Minuten stehen lassen. Die Semmelfülle in die Bauchtasche geben und mit Holzspießen verschließen. In einer Bratpfanne das Schweinsfett erhitzen. Den gefüllten Bauch einlegen und im vorgeheizten Rohr bei 180 – 190 °C anbraten. Nach 20 Minuten umdrehen und mit Wasser aufgießen. Das gare Fleisch herausnehmen und warm stellen. Den Saft mit Mehl stauben und abseihen. Der Saft soll kurz und dünn sein.

Als Beilage servieren wir Erbsenreis und gebratene Honigschalotten.

> „Andere Kinder haben Fußball gespielt. Ich hab in der Zwischenzeit mit dem Vater ein Kalb zerlegt."
>
> *Seppi junior*

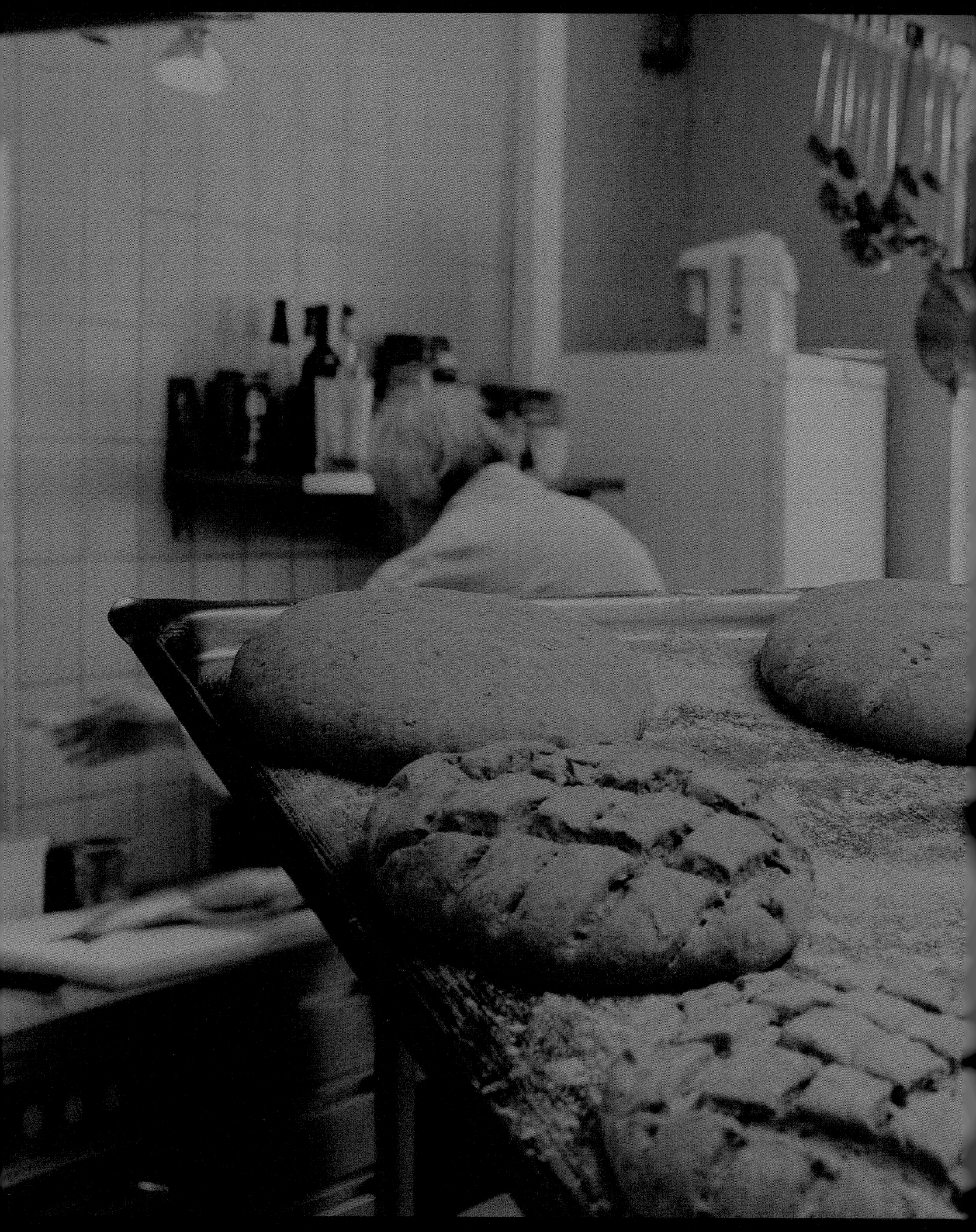

UNSER TÄGLICH BROT & GEBÄCK

Vollkornbrot
(Vinschgerl)

Zubereitung

Vollkornmehl, Weizenmehl, Roggenmehl, Olivenöl, Salz, brauner Zucker, Sonnenblumenkerne, Kürbiskerne, Sesam, Leinsamen, Weizenkleie, Kümmel und Anis in eine Rührschüssel geben. Frische Germ und Trockengerm in 200 ml warmem Wasser glatt rühren und zu den anderen Zutaten in die Rührschüssel gießen.

Zugedeckt rasten lassen, bis die Germ zu quellen beginnt und mit dem restlichen Wasser ca. 6 Minuten in der Rührmaschine zu einem weichen Teig schlagen. Mit etwas Mehl bestreuen und an einem warmen Platz zugedeckt rasten lassen, bis der Teig sein Volumen verdoppelt hat. Zusammenschlagen, 3 Laibe formen und auf ein eingefettetes Backblech geben.

Mit einem Messer 1 cm tief einschneiden und nochmals ca. 20 Minuten zugedeckt gehen lassen. Mit Wasser bestreichen und mit Mehl bestäuben. Bei 220 °C für 20 Minuten ins vorgeheizte Rohr (Ober- und Unterhitze) schieben. Ausschalten und nochmals 5 Minuten nachziehen lassen. Herausnehmen und auf einem Gitterblech auskühlen lassen.

3 Laibe à ca. 250 g

400 g Vollkornmehl

200 g glattes Weizenmehl, Type 480

100 g Roggenmehl

1½ EL Olivenöl

1½ EL Salz

2 EL brauner Zucker

150 g Sonnenblumenkerne

70 g Kürbiskerne, gehackt

2 EL Sesam

2 EL Leinsamen

2 EL Weizenkleie

1 TL Kümmel

1 TL Anis

42 g frische Germ

½ Packerl Trockengerm

500 ml lauwarmes Wasser

Margarine zum Einfetten des Backblechs

Mehl zum Bestreuen

„Ich suche meinen Ausgleich im Sport. Vater sucht seinen Ausgleich lieber in der Schilchergegend."

Seppi junior

Brioche-Sesam-Weckerl

ca. 30 – 35 Stück

500 g glattes Weizenmehl, Type 480

1½ EL Zucker

3 TL Salz

3 Eier, küchenwarm

50 g Butter, handwarm

2 EL Sesam

42 g frische Germ

80 ml Milch, lauwarm

80 ml Wasser

Butter zum Befetten des Blechs

Sesam zum Bestreuen der Weckerln

Zubereitung

Mehl, Zucker, Salz, Eier, Butter und Sesam in eine Rührschüssel geben. Die Germ in lauwarmer Milch auflösen und in die Rührschüssel gießen. Zugedeckt rasten lassen, bis die Germ zu quellen beginnt.

Mit Wasser zu einem lockeren geschmeidigen Germteig schlagen und zugedeckt rasten lassen, bis der Teig das Volumen verdoppelt hat. Mit einem Eisportionierer Weckerln ausstechen und auf ein befettetes Backblech im Abstand von 5 – 6 cm auflegen. Ca. 20 Minuten zugedeckt gehen lassen, vorsichtig mit Wasser einstreichen und mit etwas Sesam bestreuen. Im vorgeheizten Backrohr bei 180 °C ca. 20 Minuten goldgelb-knusprig backen. Auf einem Gitterblech auskühlen lassen.

„Ich hab deshalb eine große Nase, weil ich einen großen Riecher für gutes Essen habe."

Josef senior

UNSER TÄGLICH BROT & GEBÄCK

Zimtweckerl

ca. 30 – 35 Stück

750 g glattes Weizenmehl, Type 480

1 Packerl Trockengerm

42 g frische Germ

6 EL Milch, lauwarm

2 TL Zimt

2 TL Salz

3 EL brauner Zucker

6 EL Weizenkleie

150 g Haselnüsse, gehackt

420 – 450 ml lauwarmes Wasser

Butter zum Befetten des Blechs

Die Trockengerm sowie die frische Germ mit lauwarmer Milch glatt rühren und mit all den anderen Zutaten zu einem mittelfesten geschmeidigen Teig kneten. An einem warmen Ort zugedeckt rasten lassen, bis der Teig sein Volumen verdoppelt hat. Nochmals zusammenschlagen, halbieren und daraus zwei Rollen im Durchmesser von 3 – 4 cm formen. In ca. 6 – 7 cm große Stücke schneiden und auf ein befettetes Backblech im Abstand von 7 cm legen, abdecken und 20 Minuten rasten lassen. Mit Wasser beträufeln und im vorgeheizten Ofen bei 190 – 200 °C ca. 20 Minuten knusprig backen. Herausnehmen und auf einem Gitter auskühlen lassen.

Grissini

ca. 30 Stück

500 g glattes Weizenmehl, Type 480

4 TL Salz

1 EL Sesam

1 EL Olivenöl

42 g frische Germ

320 ml Wasser, lauwarm

Butter zum Befetten des Blechs

Für den Teig Mehl, Salz, Sesam und Olivenöl in eine Rührschüssel geben. Germ im lauwarmen Wasser auflösen und mit den anderen Zutaten zu einem mittelfesten geschmeidigen Teig verkneten. Rasten lassen, bis der Teig das Volumen verdoppelt hat, zusammenschlagen und halbieren. Zu zwei Rollen mit einem Durchmesser von 3 cm formen und im Abstand von 3 cm trennen. Zu Grissini formen und auf ein befettetes Blech geben. Mit Wasser bestreichen und im vorgeheizten Rohr ca. 15 – 20 Minuten bei 210 °C backen. Auf einem Gitterblech auskühlen lassen.

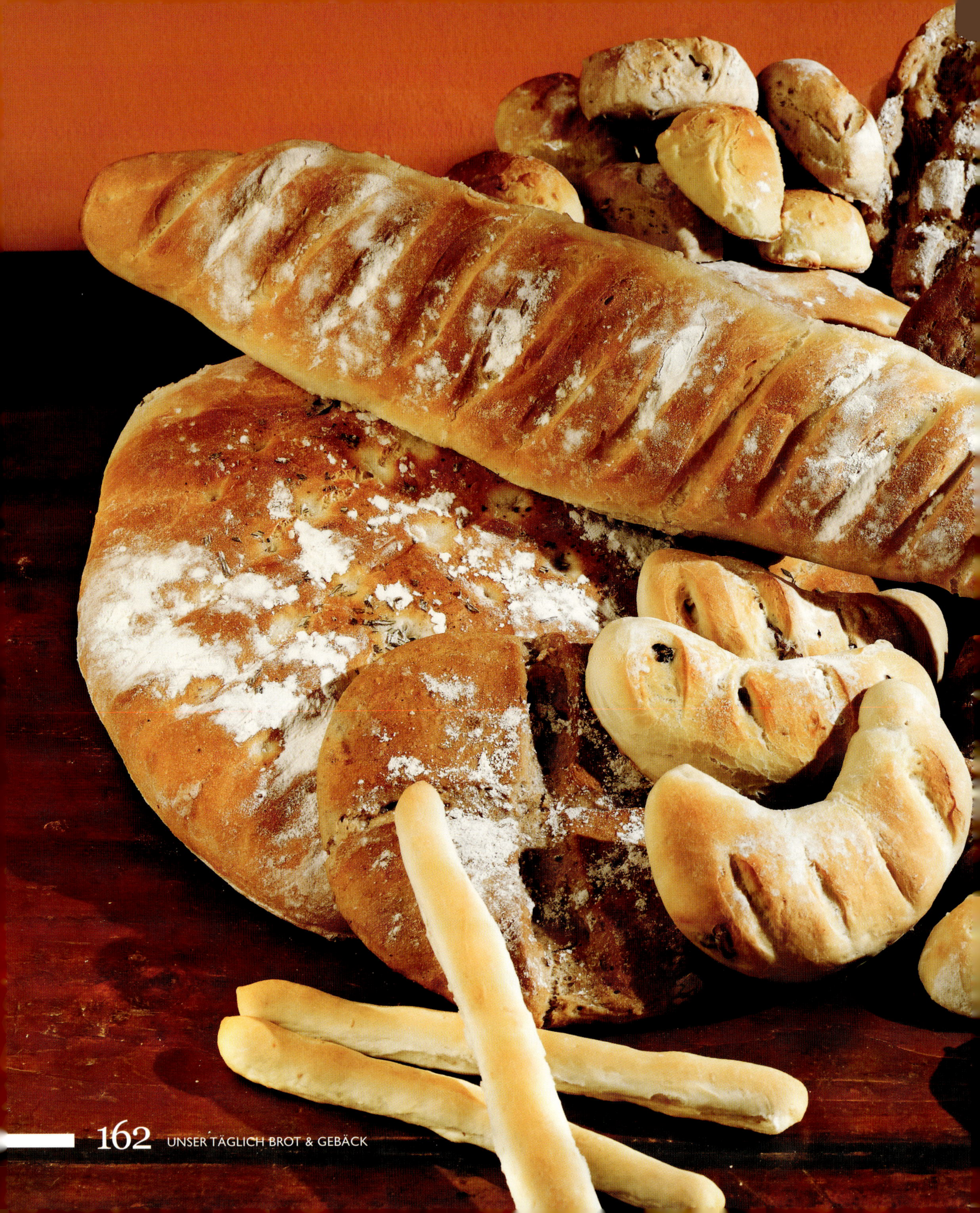

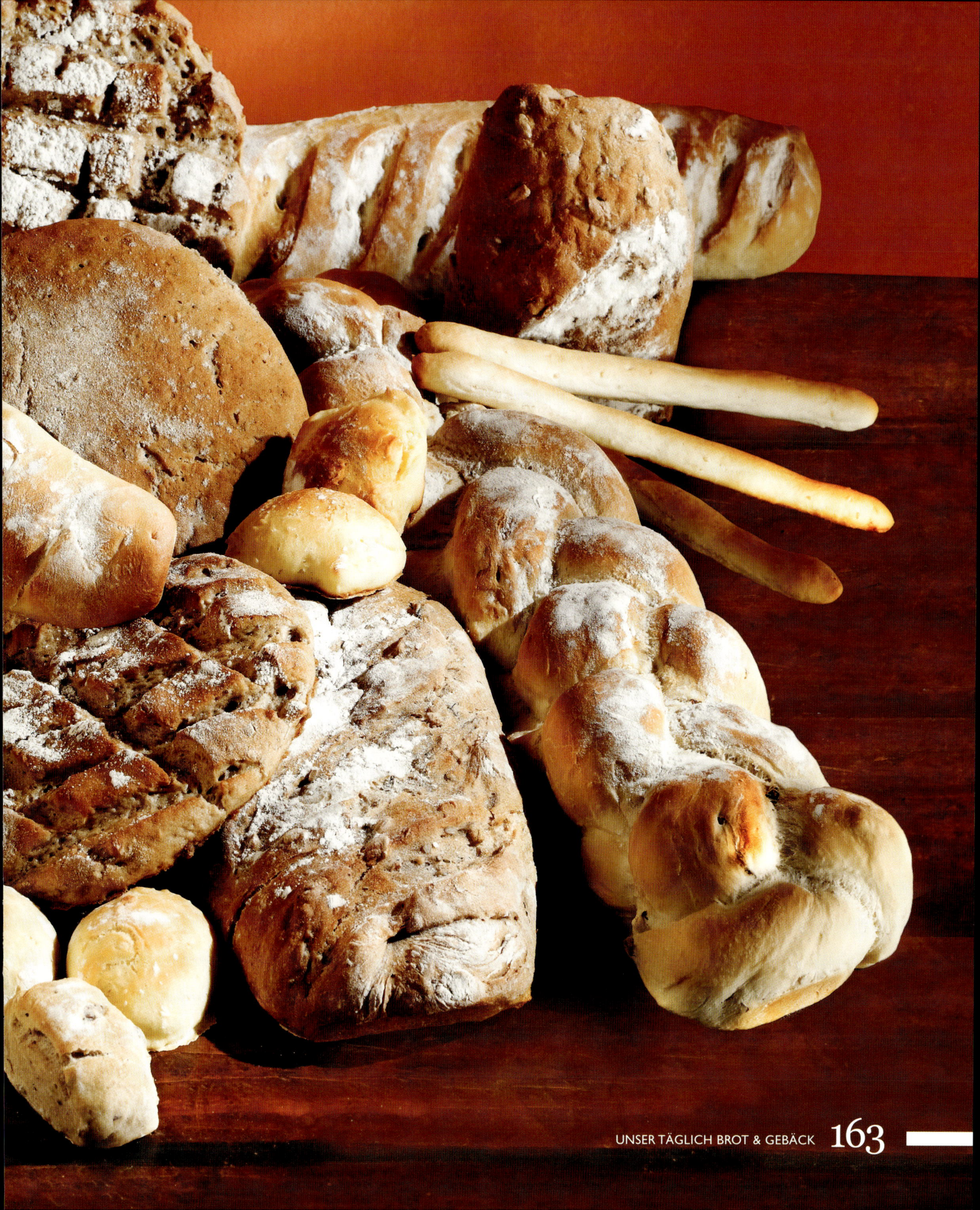

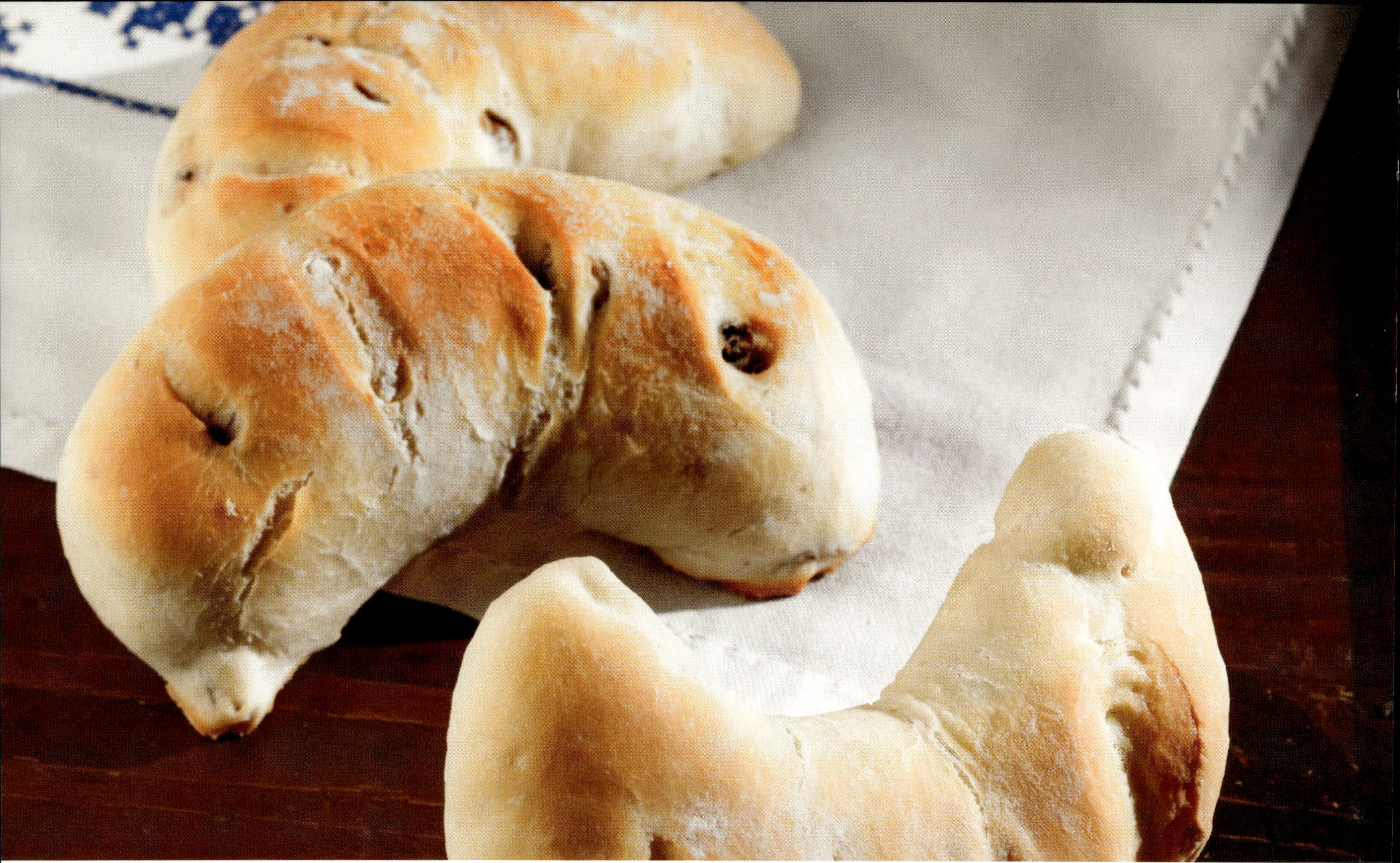

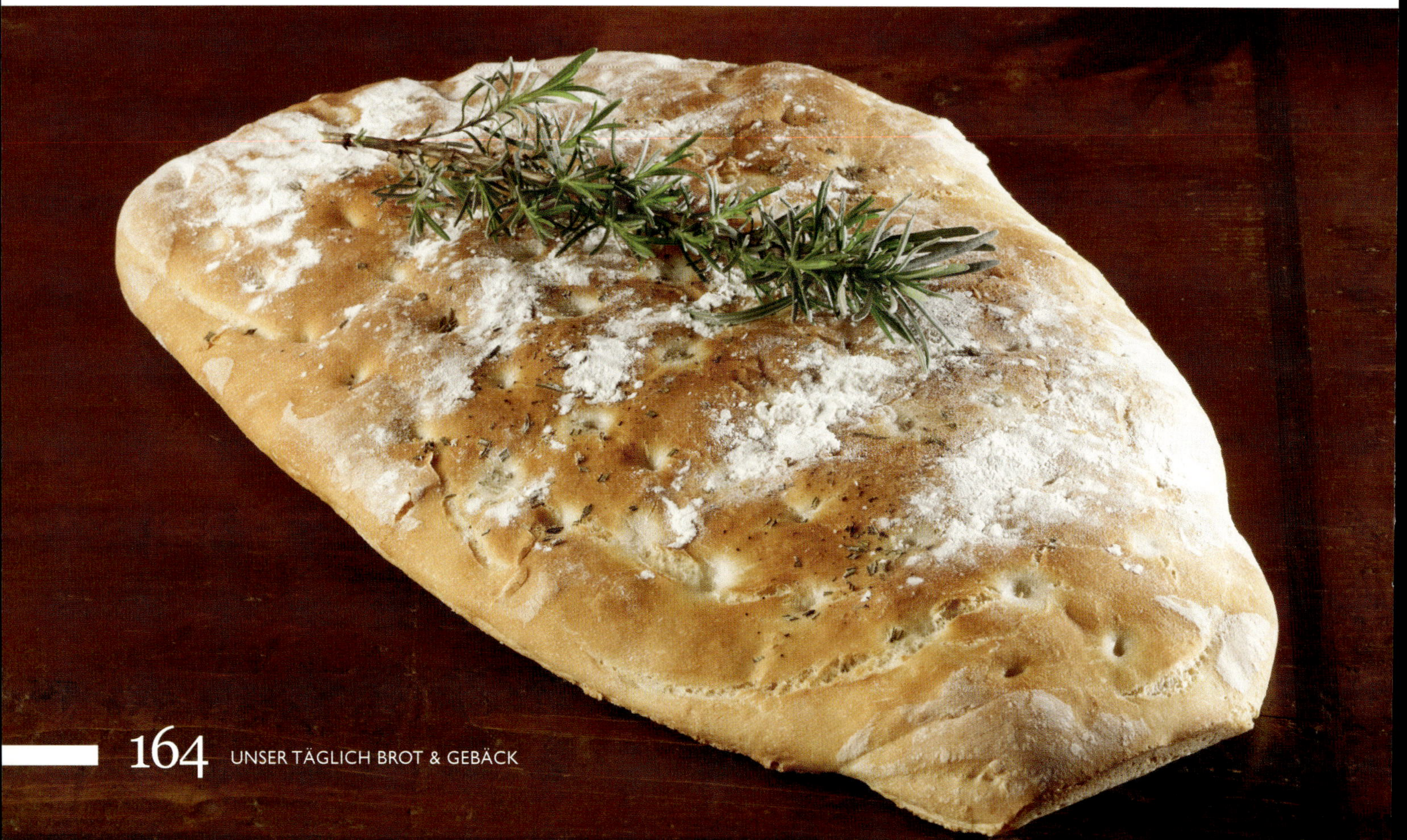

Afrika-Brot

ca. 10 – 12 Stück

650 g glattes Mehl, Type 480

4 TL Salz

1½ EL Zucker

50 g Butter, handwarm

2½ EL Rosinen

50 g Haselnüsse, gehackt

50 g Mandeln, gehackt

42 g frische Germ

½ Packerl Trockengerm

150 ml Milch, lauwarm

275 ml Wasser, lauwarm

Butter zum Bestreichen des Backblechs

Für den Teig Mehl, Salz, Zucker, Butter, Rosinen, Haselnüsse und Mandeln in eine Rührschüssel geben. Die frische und trockene Germ in lauwarmer Milch und Wasser auflösen und in die Rührschüssel gießen. Zugedeckt rasten lassen, bis die Germ zu quellen beginnt (ca. 15 – 20 Minuten). Zu einem glatten Teig verkneten und rasten lassen, bis sich das Volumen verdoppelt hat. Zusammenschlagen und zu ca. 100 – 120 g schweren Stücken portionieren. Zu Kipferln formen, auf ein befettetes Backblech setzen und nochmals ca. 20 Minuten gehen lassen. Mit Wasser bestreichen und im vorgeheizten Rohr 20 Minuten bei 190 – 200 °C goldgelb backen. Auf einem Backgitter auskühlen lassen.

Kürbis-Focaccia

Zutaten für 1 Laib

500 g glattes Weizenmehl, Type 480

40 ml intensives Olivenöl

3 TL Salz

2 EL Kürbiskerne, klein gehackt

42 g frische Germ

250 ml warmes Wasser

Olivenöl zum Befetten des Blechs und Bestreichen des Teiges

1 EL Rosmarin, gehackt

Salz, Pfeffer aus der Mühle

In einer Rührschüssel Mehl, Öl, Salz und Kürbiskerne vermischen. Germ im Wasser auflösen und in die Rührschüssel gießen. Den Teig etwa 3 – 4 Minuten in der Rührmaschine, dann ca. 10 Minuten von Hand kneten, bis er elastisch ist. Für 20 Minuten zum Gehen an einen warmen Platz stellen. Den Teig auf einer bemehlten Arbeitsfläche etwas ausrollen, ein Mal zusammenlegen und diesen Vorgang nochmals wiederholen. Ein drittes Mal ausrollen und ca. 2 cm dick und auf ein befettetes Backblech geben. In Abständen von ca. 2,5 cm die Fingerknöchel in die Teigoberfläche drücken. Zugedeckt 20 Minuten rasten lassen und dann etwas Olivenöl auf den Teig träufeln. Mit etwas Rosmarin, Salz und Pfeffer aus der Mühle bestreuen und 20 Minuten im vorgeheizten Rohr bei 210 – 220 °C backen. Ausschalten und ca. 5 Minuten nachbacken lassen, bis die Focaccia knusprig ist. Auf einem Gitterblech auskühlen lassen.

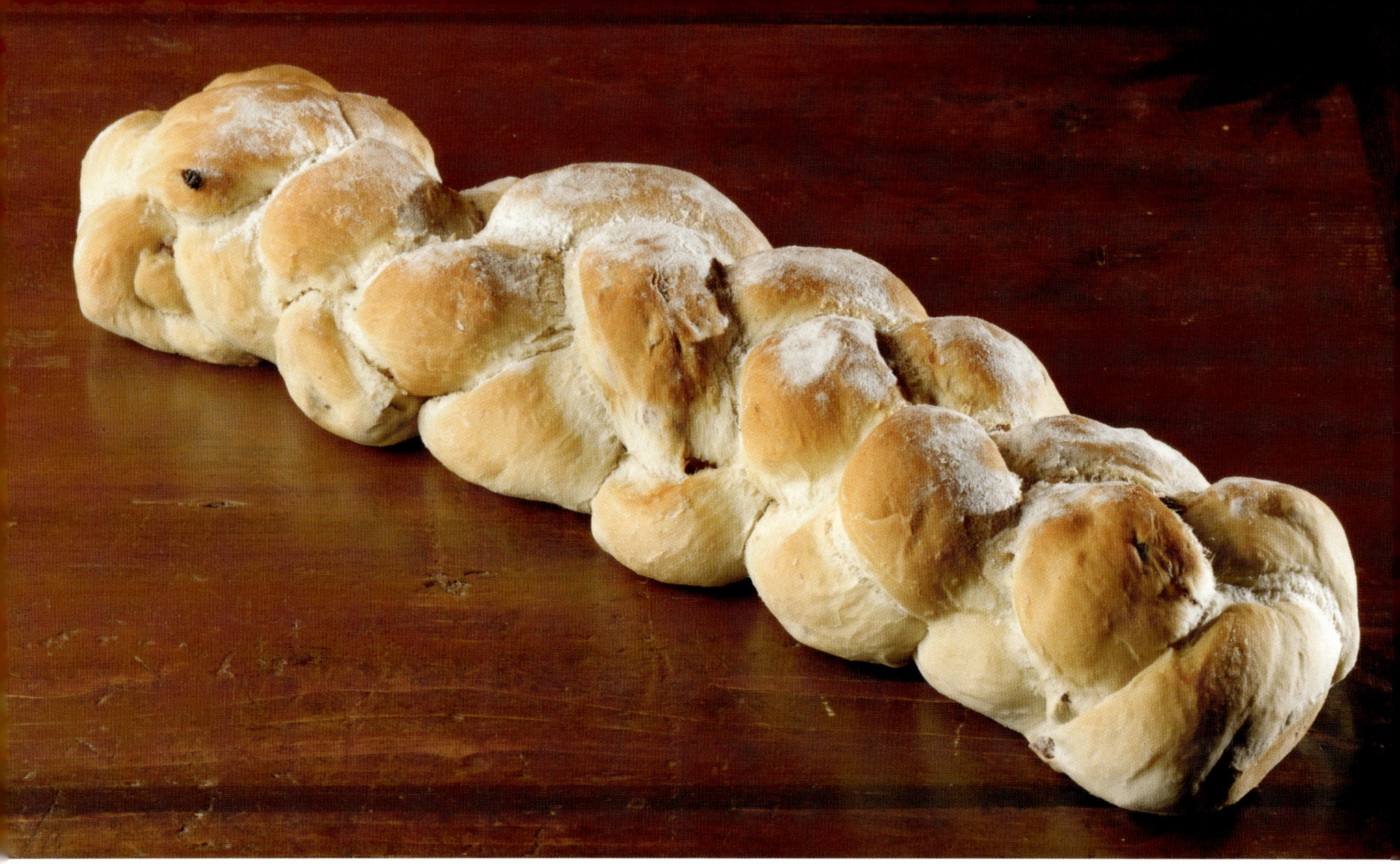

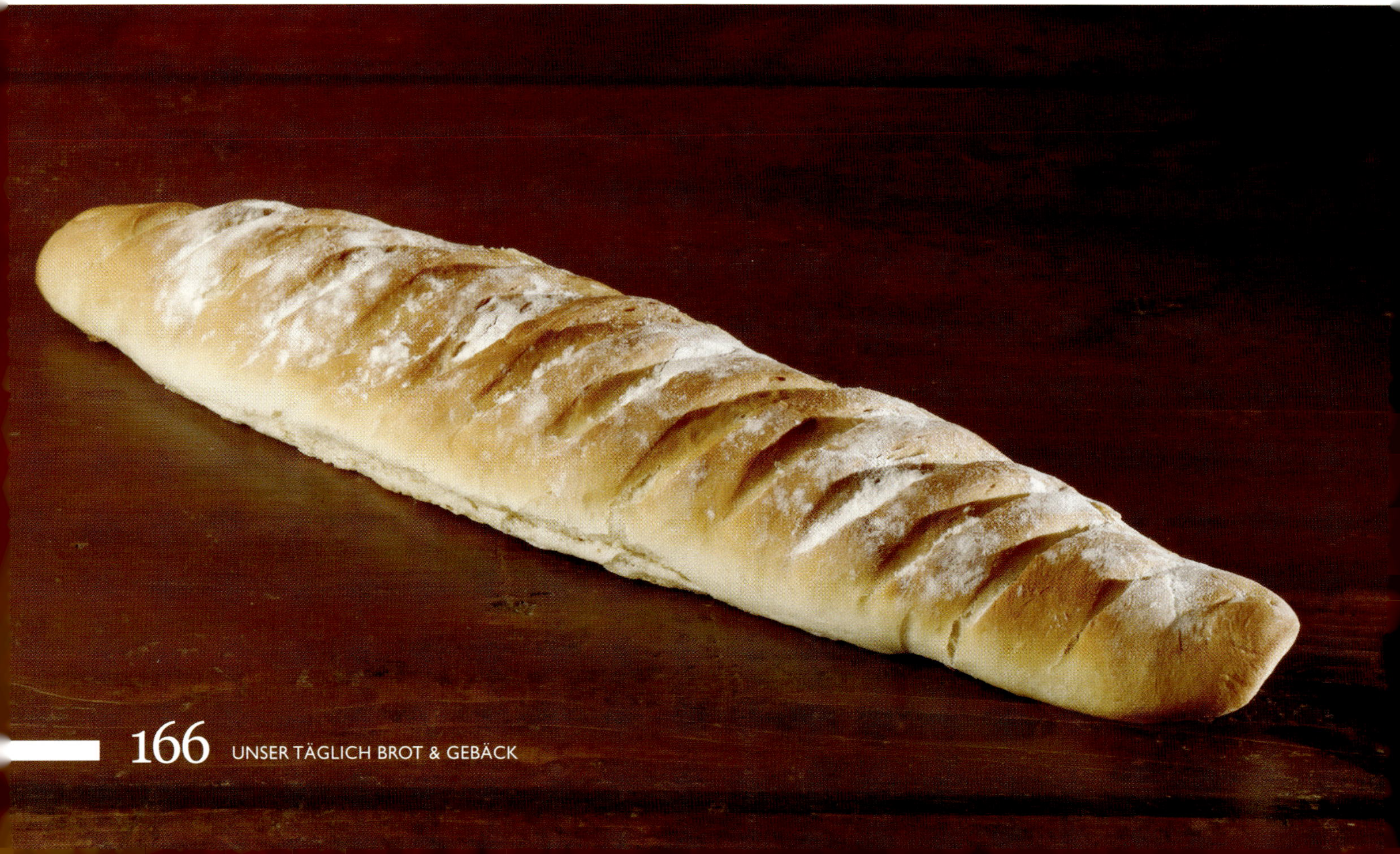

Rosinenzopf

Zutaten für 2 Zöpfe

650 g glattes Weizenmehl, Type 480

55 g Butter, handwarm

2 TL Salz

50 g Zucker

2 EL Rosinen

½ EL Zitronenzesten

1 Schuss Rum

1 TL Vanillezucker

2 Eier

1 Dotter

ca. 250 – 300 ml warme Milch

50 g frische Germ

Butter für das Backblech

1 Ei zum Einstreichen

Hagelzucker zum Bestreuen

Für den Teig Mehl, Butter, Salz, Zucker, Rosinen, Zitronenzesten, Rum und Vanillezucker in eine Rührschüssel geben. Eier und Dotter mit der Milch verrühren und die Germ darin auflösen. In die Rührschüssel leeren und zugedeckt 20 Minuten rasten lassen, bis die Germ zu quellen beginnt. Das Ganze zu einem geschmeidigen Teig verkneten und zugedeckt rasten lassen, bis sich das Volumen verdoppelt hat.

Den Teig halbieren und jede Hälfte in vier gleich schwere Stücke teilen. Stränge formen und zwei Zöpfe flechten. Auf ein befettetes Backblech legen und 30 Minuten gehen lassen. Mit verquirltem Ei bestreichen und mit Hagelzucker bestreuen. Im vorgeheizten Ofen bei 180 °C ca. 20 Minuten backen, mit Alufolie abdecken und nochmals 5 – 10 Minuten weiterbacken. Herausnehmen und auf einem Gitter abkühlen lassen.

Weißbrot

3 Wecken à 40 – 50 cm

650 g glattes Weizenmehl, Type 480

50 g Roggenmehl

2 TL Honig

3 TL Salz

3 EL Olivenöl

200 ml Milch, lauwarm

42 g frische Germ

½ Packerl Trockengerm

ca. 250 – 300 ml warmes Wasser

etwas zerlassene Butter für das Backblech

Für den Teig das weiße Mehl, Roggenmehl, Honig, Salz und Olivenöl in eine Rührschüssel geben. Frische Germ und Trockengerm in lauwarmer Milch auflösen und in die Rührschüssel leeren. 15 – 20 Minuten rasten lassen, bis die Hefe zu quellen beginnt. Das Wasser dazugeben und zu einem glatten mittelfesten Teig kneten. Zugedeckt rasten lassen, bis sich das Teigvolumen verdoppelt hat. Den Teig dritteln, zusammenschlagen und längliche Rollen formen. Die Teiglinge auf ein befettetes Blech geben und ein paar Mal schräg, ca. 1 cm tief, einschneiden. Noch einmal zugedeckt ca. 30 Minuten rasten lassen, bis sich das Teigvolumen verdoppelt hat. Locker mit Wasser bestreichen und 20 Minuten bei 210 °C ins vorgeheizte Rohr geben. Nach 20 Minuten das Rohr abschalten und 5 Minuten weiter ziehen lassen. Aus dem Rohr nehmen.

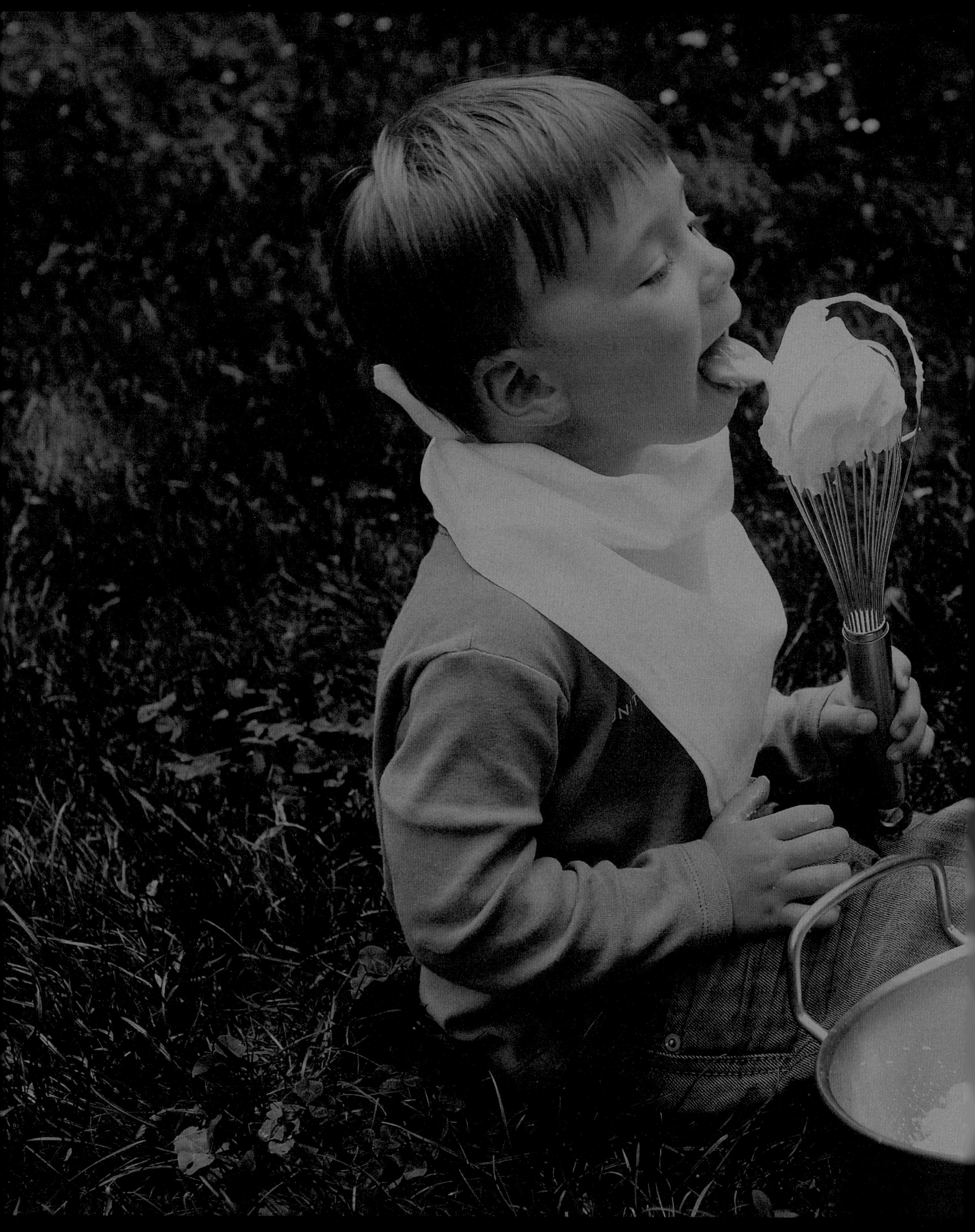

SÜSSER GUSTO
warme und kalte Desserts

SÜSSER GUSTO
WARME UND KALTE DESSERTS

Cremiges von der Milchschokolade
mit Vanille-Kirschen und Pistazieneis, Palmzucker-Krokant und Amarettosahne

Zutaten für 12 Portionen

Milchschokolade
- 12 runde Formen (Durchmesser: je 4 cm)
- 165 g Sahne
- 125 g Milchschokolade (35 – 45 % Kakao), gehackt
- 125 g Bitterschokolade (60 % Kakao), gehackt
- 2 Dotter, 1 EL Zucker
- 1 Schuss Grand Marnier
- 1 TL Orangenzesten
- 165 g geschlagene Sahne

Schokoladebiskuit (ca. 38 x 28 cm)
- 70 g Bitterschokolade
- 70 g zerlassene Butter
- 70 g Mandeln, gemahlen
- 2 Eier, 6 Dotter, 6 Eiweiß
- 165 g Zucker
- 1 EL Kakao, 1 Prise Salz, 1 TL Vanillezucker
- 2 EL Mehl, 1 EL Stärkemehl

Pistazieneis
- 180 ml Sahne, 80 g Pistazien, 1 Schuss Rum
- 50 g weiße Kuvertüre, gehackt
- 6 EL Zucker, 1 TL Vanillezucker
- 3 Eiweiß, 250 ml Sahne

Amarettosahne
- ¼ l Sahne, 2 TL Zucker, 2 cl Amaretto

Palmzucker-Krokant
- 60 g Mehl, 30 g flüssige Butter, 1 Eiweiß
- 1 Prise Salz, 2 TL Wasser
- 2 EL Palmzucker (Weltladen, Reformhaus)

Fertigstellung
- 3 – 4 EL Marillenmarmelade
- weißes Joghurt und dunkles Fruchtjoghurt
- 200 ml Vanillesauce
- 150 g Kirschen, entkernt

Zubereitung

Für das Pistazieneis 180 ml Sahne mit Pistazien und Rum aufkochen, feinst mixen, passieren, über die Kuvertüre gießen und glatt rühren. Auf Zimmertemperatur auskühlen lassen. Die Hälfte des Zuckers und den Vanillezucker mit der Sahne nicht zu fest aufschlagen und mit der ausgekühlten Pistazienmasse vermischen. Das Eiweiß mit dem restlichen Zucker locker aufschlagen und unter die Pistaziensahne heben. Umfüllen und ein paar Stunden gut durchfrieren lassen.

10 – 12 runde Formen mit Backpapier auslegen (Höhe: 4 – 5 cm).

Für den Schokoladebiskuit eine Backform (38 x 28 cm) mit Backpapier auslegen. Die Schokolade zum Schmelzen bringen und die Butter hinzufügen. Mandeln einrühren. Eier und Dotter mit 100 g Zucker und dem Kakaopulver schaumig aufschlagen und in die Schokolademischung einarbeiten. Eiweiß mit dem restlichen Zucker, Salz und Vanillezucker aufschlagen und mit Mehl sowie Stärkemehl locker unter die Schokomischung heben und in die Form füllen. Im vorgeheizten Rohr bei 180 °C ca. 30 – 35 Minuten backen. Auskühlen lassen, vom Blech nehmen und mit Marmelade dünn bestreichen. Rund ausstechen (Durchmesser: 4 cm) und in die Formen geben.

Für das Cremige von der Milchschokolade die Sahne aufkochen und über die Schokolade gießen. Glatt rühren und auf Zimmertemperatur auskühlen lassen. Dotter mit Zucker, Grand Marnier und Orangenzesten über Dampf schaumig aufschlagen, in die Kuvertüre gießen und glatt rühren. Nochmals auf Zimmertemperatur auskühlen lassen. Die nicht ganz fest geschlagene Sahne unterheben und in die Formen füllen.

Für das Palmzucker-Gebäck Mehl mit Eiweiß verrühren und Butter hinzufügen. Mit Salz und Wasser zu einer glatten Masse rühren. 1 Stunde rasten lassen. Die Masse auf Backpapier streichen und mit Palmzucker bestreuen. Bei 190 °C knusprig backen. Das Gebäck sollte hauchdünn und knusprig sein.

Für die Amarettosahne die Sahne mit Zucker und Amaretto nicht zu fest aufschlagen und bis kurz vor dem Servieren kühl stellen.

Anrichten

Das Cremige von der Milchschokolade in die Tellermitte setzen und 1 Stück Palmzucker-Krokant draufgeben. Mit weißem Joghurt sowie Fruchtjoghurt umziehen und mit in Vanillesauce warm gemachten Kirschen umlegen. 1 Kugel Pistazieneis auf das Palmzucker-Gebäck setzen und mit etwas Amarettosahne nappieren.

172 SÜSSER GUSTO
WARME UND KALTE DESSERTS

Süßspeis vom Ricotta-Nougat
im leicht gesüßten Zitronenjoghurt und Brombeeren

Für ca. 10 – 12 Stück

Biskuit

1 weißer Biskuitboden, 20 x 30 cm (Grundrezept siehe Seite 205)

1 Kastenform (verstellbar)

3 – 4 EL fein passierte Brombeermarmelade

Nougat

320 g Nougat, klein geschnitten

100 ml heiße Sahne

Ricottacreme

250 ml Milch

Mark einer ¼ Vanilleschote

85 g Zucker

3 Dotter

10 g Stärkemehl, mit etwas Wasser angerührt

4 Bl Gelatine, im kalten Wasser eingeweicht

250 g cremiger Ricotta oder Topfen

250 g Sahne

Zitronenjoghurt

200 ml festes Schafjoghurt

2 TL Zucker

etwas Zitronensaft, frisch gepresst

Flüssige Nougat-Ganache

100 g Nougat, klein geschnitten

50 – 60 ml heiße Sahne

frische Brombeeren und Minze

Zubereitung

Den weißen Biskuitboden auf ein Blech legen und mit Brombeermarmelade fein bestreichen. Die Kastenform darüberstülpen und auf die gewünschte Größe einstellen.

Für den Nougat die klein geschnittenen Nougatstücke mit heißer Sahne übergießen und glatt rühren. In die Kastenform gießen, glatt ausstreichen und 15 Minuten kalt stellen.

Für die Ricottacreme Milch, Zucker und Vanilleschotenmark aufkochen und das angerührte Stärkemehl dazugeben. Kurz einkochen, vom Herd nehmen und die Dotter einrühren. Die ausgedrückte Gelatine zugeben und einrühren, bis sie sich aufgelöst hat. Durch ein Sieb gießen, Ricotta zugeben und gut verrühren. Auf Zimmertemperatur abkühlen lassen. Die Sahne nicht zu fest aufschlagen und unter die Creme rühren. Die Creme auf dem leicht angezogenen Nougat gleichmäßig verteilen und 2 – 3 Stunden gut durchkühlen. Aus der Form nehmen und portionieren. Für das Zitronenjoghurt das Schafjoghurt mit Zucker und Zitronensaft abschmecken. Tipp: Den Ricotta-Nougat 15 – 20 Minuten vor dem Servieren aus der Kühlung nehmen, damit er schön weich ist.

Fertigstellung

Für die flüssige Ganache die heiße Sahne über den Nougat gießen und im Wasserbad warm stellen. Ricotta-Nougat auf Teller geben und mit Brombeeren belegen. Dazu die Joghurtsauce schwungvoll anrichten. Etwas von der warmen, flüssigen Nougat-Ganache über den Ricotta-Nougat fließen lassen und mit Brombeeren und Minze garnieren.

Geeister Mocca mit Schokolade und Zuckerblätterteig

Zubereitung

Für den geeisten Mocca die Sahne (30 ml) mit einem Mocca aufkochen und über die gehackte Milchschokolade gießen. Glatt rühren und auf Zimmertemperatur auskühlen lassen. 2 Dotter und 1 EL Zucker über Dampf schaumig aufschlagen, kalt schlagen und unter die Schokolade-Mocca-Masse heben. 400 ml Sahne mit 3 EL Zucker sowie 2 Eiweiß mit 1 EL Zucker nicht zu fest aufschlagen, locker unter die Schokolade-Mocca-Masse heben. Moccatassen zur Hälfte füllen und ein paar Stunden im Eisfach gut durchfrieren lassen.

Den Blätterteig 0,5 cm dick ausrollen und Strankerln (= Streifen) von 10 cm Länge und 1 cm Breite schneiden. Auf ein Blech mit Backpapier legen. Wasser und Zucker mischen und mit einem Löffel über die Strankerln ziehen. Im vorgeheizten Backrohr bei 170 °C ca. 15 – 20 Minuten backen. Hitze auf 135 °C reduzieren und nochmals 15 Minuten trocknen lassen. Die Strankerln sollten durch und durch trocken sein.

Für die Ganache die Sahne aufkochen, über die Bitterschokolade gießen und glatt rühren. Vor dem Anrichten warm stellen, damit sie flüssig bleibt.

Anrichten

Den geeisten Mocca aus dem Gefrierschrank nehmen und flüssige Schokoganache 0,5 cm hoch einfüllen. Sahne, Amaretto und Zucker aufschlagen und ein Nockerl in die Mitte der Tassen setzen. Zuckerblätterteigstrankerln beilegen.

„Woran man merkt, dass ich gereift bin? Jetzt würde ich jederzeit ein Kärntnerlied mit meinem Vater singen."

Seppi junior

Zutaten für 12 Moccatassen

- 80 g Milchschokolade 40 %, fein gehackt
- 1 Mocca
- 30 ml Sahne
- 2 Dotter, 1 EL Zucker
- 2 Eiweiß, 1 EL Zucker
- 400 ml Sahne, 3 EL Zucker

Ganache

- 80 g Bitterschokolade 60 %, fein gehackt
- 75 ml Sahne

Zuckerblätterteig

- 100 g Blätterteig (Dicke: 1 cm)
- 3 EL Kristallzucker
- 1½ EL Wasser

Amarettosahne

- 200 ml Sahne
- 2 cl Amaretto
- 2 TL Zucker

SÜSSER GUSTO
WARME UND KALTE DESSERTS

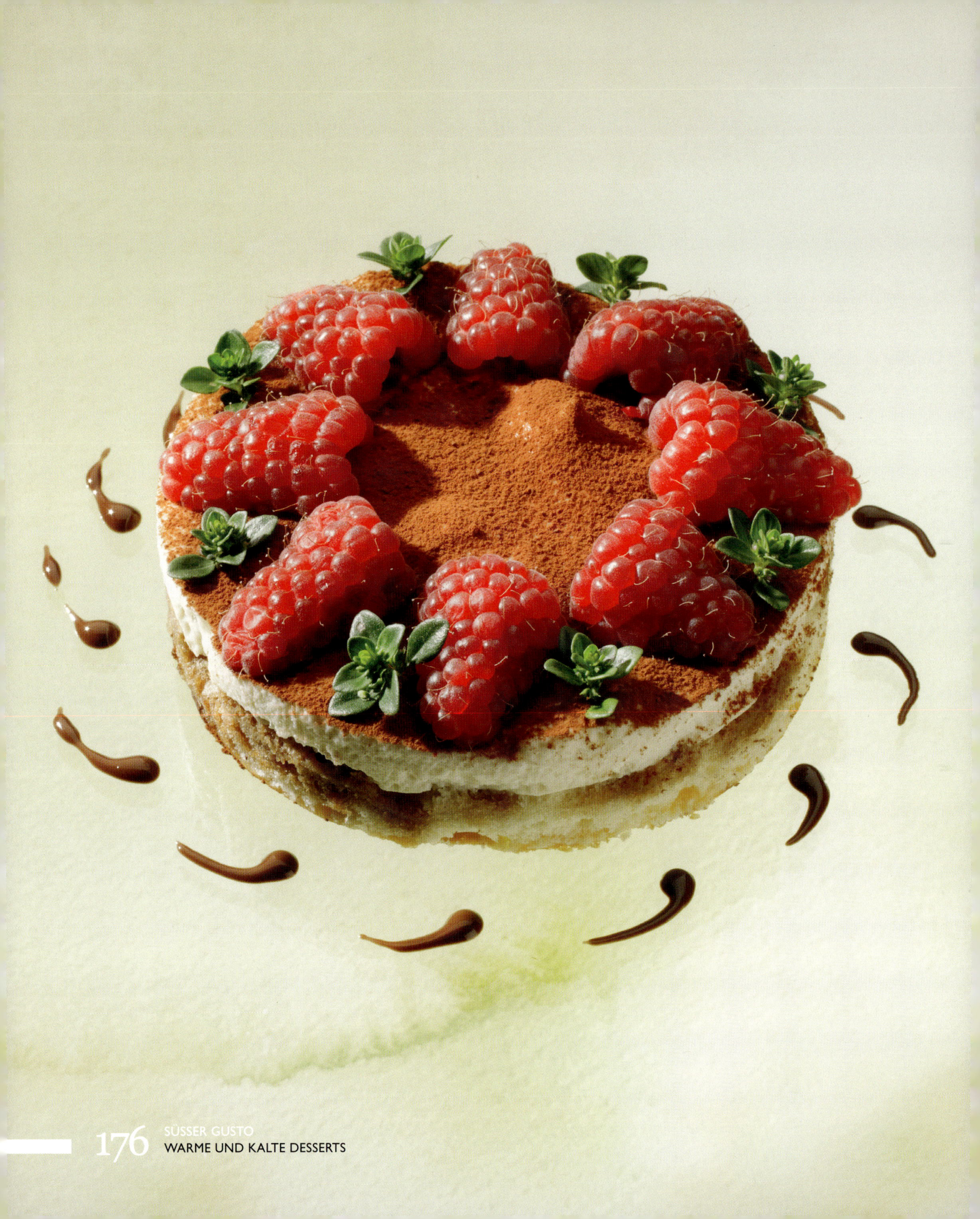

Tiramisu »classico« mit frischen Himbeeren

Zutaten für 4 – 5 Personen

2 Dotter, 1 EL Zucker

1 EL Wasser

1 Schuss Rum

1½ Bl Gelatine, in kaltem Wasser eingeweicht

250 g Mascarpone

2 Eiweiß, 1 EL Zucker

Biskuitboden (Höhe: 1,5 cm), siehe Seite 205

150 ml heißer Kaffee

2 cl Marsala

1 EL Kakaopulver

ca. 20 Himbeeren

frischer Zitronenthymian

2 EL dunkle Kuvertüre, klein gehackt

3 – 4 EL heiße Sahne

1 Papierstanitzel zum Dressieren der Kuvertüre

4 – 5 runde Formen (Durchmesser: 9 cm, Höhe: 4 cm)

zugeschnittene Backpapierstreifen zum Auslegen der Form

Zubereitung

Die Formen mit zugeschnittenen Backpapierstreifen auslegen. Aus dem Biskuitboden 10 Scheiben (Durchmesser: 9 cm) ausstechen und die Hälfte davon in die Formen geben. Marsala mit Kaffee mischen und den Biskuit damit beträufeln.

Für die Creme die Dotter, Zucker, Wasser und Rum über Dampf schaumig aufschlagen, die Gelatine zugeben, glatt rühren und den Mascarpone unterrühren. Eiweiß und Zucker steif schlagen und unter die Mascarpone-Mischung ziehen. Die Hälfte der Creme in die Formen füllen, mit den restlichen Biskuitböden bedecken, leicht andrücken und mit der restlichen Kaffee-Marsala-Mischung tränken. Mit Creme auffüllen und 2 Stunden durchkühlen lassen.

„*Gut essen bedeutet für uns das höchste Maß an Lebensqualität. Es ist etwas, das man für sich selber tut.*"

Seppi junior

Fertigstellung

Aus den Formen nehmen, mit Kakaopulver bestreuen und in die Mitte der Teller geben. Himbeeren und Zitronenthymian am Tiramisu anrichten. Heiße Sahne über die Kuvertüre gießen, glatt rühren und in Papierstanitzel füllen. Rund um das Tiramisu dressieren.

Tipp: Wenn Sie keine kleinen runden Formen zur Hand haben, legen Sie einfach den Biskuit in eine eckige Backform und bestreichen ihn mit Creme. Einfach mit einem Löffel herausstechen und anrichten.

SÜSSER GUSTO
WARME UND KALTE DESSERTS

Torte von zarter Bitterschokolade
mit Kirschen und Amarettoschaum

Zutaten für 12 Portionen

Torte

120 g dunkle Kuvertüre, 60 %, klein gehackt

100 g Butter, handwarm

75 g Staubzucker

1 Prise Salz

5 Eidotter

20 g Mehl

30 g Brösel

120 g geriebene Nüsse

5 Eiweiß

35 g Kristallzucker

1 Backform (Durchmesser: ca. 26 cm, Obstkuchenform)

Butter und Grieß für die Form

2 – 3 EL Marillenmarmelade

20 Kirschen

Frische Minze zum Anrichten

Amarettoschaum

200 ml Sahne

3 cl Amaretto

2 TL Zucker

Ganache

170 g Bitterschokolade, klein gehackt

140 ml Sahne

Zubereitung

Die Obstkuchenform gut einfetten und mit etwas Grieß bestreuen.

Für die Bitterschokoladen-Torte die dunkle Kuvertüre im Wasserbad schmelzen. Butter, Staubzucker und Salz schaumig aufschlagen, die Dotter langsam dazurühren. Die geschmolzene Kuvertüre zugeben. Mehl, Brösel und Nüsse mischen. Eiweiß und Kristallzucker steif schlagen und mit Mehl, Bröseln und den Nüssen locker unter die Schokolademasse heben. Alles in die Form streichen und im vorgeheizten Rohr bei 180 °C ca. 25 – 30 Minuten backen. Auf ein Gitter stürzen und auskühlen lassen. Die Oberfläche der Torte mit Marmelade bestreichen.

Für die Ganache die Sahne aufkochen, über die Bitterschokolade gießen und glatt rühren. Das Ganze dann in die Ausbuchtung der Schokoladetorte gießen und nicht allzu lange kühl stellen. Die Schokolade sollte beim Anschneiden noch sehr weich sein.

Für den Amarettoschaum die Sahne, den Amaretto und Zucker locker aufschlagen.

Anrichten

Schmale Tortenstücke auf Tellern anrichten, Kirschen und Amarettosahne beigeben. Mit frischer Minze und eventuell Karamellsauce servieren.

„Tradition war für uns nie erstarrte Nostalgie, sondern immer ein Sprungbrett nach oben."

Josef senior

Tarte Tatin vom Boskop-Apfel
in lauwarmer Vanille-Bitterschokolade und Nougat-Eis

Zubereitung

Für das Nougat-Eis das klein geschnittene Nougat mit 100 ml heißer Sahne übergießen und glatt rühren. Auf Zimmertemperatur auskühlen lassen. 300 ml Sahne und 2½ EL Zucker nicht zu fest aufschlagen und langsam unter die Nougatmasse rühren. Auch das Eiweiß mit 2 EL Zucker aufschlagen und unterheben. Umfüllen und für 5 – 6 Stunden in den Tiefkühler geben. 5 Minuten vor dem Anrichten herausnehmen.

Für die Tarte Tatin die Tarteletteformen einfetten. Äpfel schälen, entkernen und in 1,5 cm dicke Scheiben schneiden. Butter, Zucker, etwas Zitrone und eine Prise Zimt in der Pfanne schmelzen und die Apfelscheiben darin schwenken. Äpfel entfernen, bei Bedarf etwas Wasser beigeben, die Flüssigkeit zu einem Karamell einkochen und in den Formen verteilen. Je 1 – 2 Apfelscheiben draufgeben und mit einer 2 – 3 mm dicken, runden Blätterteigscheibe bedecken. 2 – 3 Mal mit einer Gabel einstechen und bei 200 °C ca. 20 Minuten im vorgeheizten Ofen backen. Sofort stürzen. Für die Ganache Sahne aufkochen, über die Bitterschokolade gießen und glatt rühren.

Anrichten

Lauwarme Vanillesauce auf Teller geben und die Tarte Tatin hineinsetzen. Den Hohlraum zwischen Apfel und Teigrand mit warmer Schokolade auffüllen. Mit einer Kugel Nougat-Eis und Zitronenmelisse servieren.

„Auf dem Teller sollte vor allem eines Platz haben: der Genuss."

Seppi junior

Zutaten für 6 Portionen

Nougat-Eis (ca. 15 – 20 Kugeln)

100 g Nougat, klein geschnitten, 100 ml Sahne

300 ml Sahne, 2½ EL Zucker

3 Eiweiß, 2 EL Zucker

Tarte Tatin

6 Tarteletteformen (Durchmesser: 7 cm)

600 g Boskop-Äpfel

70 g Butter

ca. 100 g Zucker

etwas Zitronensaft

etwas Zimt

300 g Blätterteig

200 ml lauwarme Vanillesauce

Zitronenmelisse

Bitterschokolade

80 g Bitterschokolade, klein gehackt

70 ml Sahne

SÜSSER GUSTO
WARME UND KALTE DESSERTS

Mit Kastaniencreme gefüllte frische Datteln und pürierte Himbeeren

Seppi junior:

„Mein peinlichstes Hoppala: Ich habe meine eigene Hochzeitstorte verbrannt. Total. Ich musste sie noch einmal backen."

Josef senior:

„Und mich hat einmal ein Polentatopf niedergestreckt. Die Folge: ein heißer Guss aus Maisgrieß und dann auch noch ein Sturz kopfüber in den Tellerwärmer."

Zubereitung

Für die Creme Sahne, Zucker und Rum nicht zu fest aufschlagen. Mit einer Reibe zwei Drittel des Kastanienpürees hineinreiben und locker unterheben. Mit einem Spritzsack vier kleine Portionen auf Teller dressieren. Die Kastaniencreme mit frischen Datteln umschließen und den Rest des Kastanienpürees draufhobeln. Himbeeren daranlegen.

Für die Sauce die 150 g Himbeeren mit Zucker mixen und durch ein feines Sieb streichen.

Fertigstellung

Die Himbeersauce in der Tellermitte anrichten und eventuell mit Joghurt ausziehen. Mit passenden Kräutern servieren.

Zutaten für 4 Personen

Früchte

12 frische Datteln, geschält und entkernt

12 frische Himbeeren

Creme

250 ml Sahne

1½ EL Zucker

1 Schuss Rum

150 g Kastanienpüree

Sauce

150 g frische Himbeeren

1½ EL Zucker

SÜSSER GUSTO
WARME UND KALTE DESSERTS 183

184 SÜSSER GUSTO
WARME UND KALTE DESSERTS

Ribisel-Buttermilch-Mousse
im Glas mit Salbeihonig-Eis und Mandel-Knuspertalern

Zutaten für ca. 6 Martinigläser

Buttermilchmousse

300 ml Buttermilch

1½ EL Grand Marnier

1 TL Zitronenzesten

Saft einer ½ Zitrone und einer ½ Orange

1 TL Orangenzesten

1½ EL Zucker

2½ Bl Gelatine, in kaltem Wasser eingeweicht

250 ml halbfest geschlagene Sahne

6 weiße Biskuit-Zylinder (Höhe: 3,5 cm, Durchmesser: 2,5 cm, Grundrezept auf Seite 205)

Ribiselmarmelade mit ganzen Beeren

frische Minze zum Garnieren

Mandel-Knuspertaler

125 g Zucker

40 g Mehl

30 g Eiweiß

ganze Mandeln

Salbeihonig-Eis

70 g weiße Kuvertüre, klein gehackt

75 ml Sahne

2 EL Salbeihonig aus Dalmatien (oder milder Wiesenhonig)

200 ml Sahne

1½ EL Zucker

2 Eiweiß

1 EL Zucker

Zubereitung

Für das Eis die Sahne (75 ml) mit Salbeihonig aufkochen, über die weiße Kuvertüre gießen, glatt rühren und auf Zimmertemperatur auskühlen lassen. 200 ml Sahne mit 1½ EL Zucker nicht zu fest aufschlagen und unter die Honigmasse mischen. Auch das Eiweiß mit 1 EL Zucker nicht zu steif aufschlagen und locker unterheben. Umfüllen und ein paar Stunden in die Tiefkühltruhe oder den Gefrierschrank stellen. Ein paar Minuten vor dem Servieren aus dem Gefrierschrank nehmen.

Für die Buttermilchmousse die Martinigläser mit Ribiselmarmelade 1,5 cm hoch füllen. Die Biskuit-Zylinder in der Mitte draufsetzen. In einer Schüssel Buttermilch, Grand Marnier, Zitronenzesten, Zitronensaft, Orangenzesten, Orangensaft und Zucker verrühren. Die eingeweichte Gelatine erwärmen und unter Rühren in die Buttermilch gießen. Die halbfest geschlagene Sahne unterheben und in die Gläser füllen, bis der Biskuit bedeckt ist. 2 Stunden gut durchkühlen lassen.

Für die Mandel-Knuspertaler den Zucker und das Mehl vermischen, anschließend das Eiweiß hinzufügen und alles zu einem Teig verarbeiten. Von dem Teig kleine Kugeln (Durchmesser: 1 cm) auf ein mit Backpapier ausgelegtes Blech im Abstand von 10 cm setzen, eine rohe Mandel in die Mitte jeder Kugel drücken und ca. 6 – 7 Minuten im vorgeheizten Ofen bei 200 °C backen. Das Gebäck sollte beim Backen auseinanderfließen und im fertigen Zustand goldgelb und knusprig sein.

Anrichten

Eine Kugel Salbeihonig-Eis in die Mitte der gestockten Buttermilch setzen. Mandel-Knuspertaler und Minze beigeben.

186 SÜSSER GUSTO
WARME UND KALTE DESSERTS

Gefüllter Schokoladeblätterteig
mit Marillen-Dukaten-Buchteln, Schafjoghurt und Karamelleis

Schokoladeblätterteig

250 g Mehl, 15 g Kakao

1 Ei, 125 g Butter, etwas Salz, 80 ml Wasser

125 g Butter, 1 EL Olivenöl

Fülle

250 ml Milch, 85 g Zucker, Mark einer ½ Vanilleschote

3 Dotter, 10 g Vanillepuddingpulver

3 Bl Gelatine, im kalten Wasser eingeweicht

250 ml Sahne

Dukatenbuchteln (5 – 6 Portionen à 5 – 6 Stück)

500 g Mehl, 42 g frische Germ, 200 ml Milch

70 g handwarme Butter, 40 g Zucker

etwas Salz, Schale einer ½ Zitrone

2 Eier

Marillenmarmelade

Butter für das Blech und zum Bestreichen

Karamelleis (ca. 15 Kugeln)

200 ml Sahne, 100 g Zucker

50 g weiße Kuvertüre, klein gehackt

300 ml Sahne, 1½ EL Zucker

3 Eiweiß, 1½ EL Zucker

250 ml Natur-Schafjoghurt

zarte Bitterschokoladensauce (siehe Seite 191)

Zubereitung

Für das Karamelleis 200 ml Sahne aufkochen. Aus 100 g Zucker Karamell herstellen und mit der heißen Sahne ablöschen. Ca. 2 – 3 Minuten glatt köcheln und über die Kuvertüre gießen. Auf Zimmertemperatur auskühlen lassen. 300 ml Sahne mit 1½ EL Zucker locker aufschlagen und unter die Karamellsahne heben. Auch die 3 Eiweiß mit 1½ EL Zucker aufschlagen und unterheben. Umfüllen und 5 – 6 Stunden ins Gefrierfach geben.

Für den Schokoladeblätterteig aus Mehl, Kakao, Ei, Butter, Salz und Wasser einen Teig bereiten und kurz kühl ruhen lassen. Butter grob hobeln, mit Olivenöl mischen, zu einem Fettziegel formen, kurz kühlen und in den Teig einarbeiten. Fettziegel und Teig sollten die gleiche Temperatur haben. Mit den für den Blätterteig üblichen Ruhezeiten 4 einfache Touren geben. Nach einer weiteren Ruhezeit den Teig 3 – 4 mm dünn ausrollen und in Rechtecke schneiden (7 x 6 cm) und im heißen Ofen bei 170 °C 20 Minuten backen. Auf 140 °C reduzieren und 15 Minuten trocknen lassen.

Für die Dukatenbuchteln das Mehl in eine Schüssel sieben und in die Vertiefung die Germ in kleinen Stücken hineinlegen. Mit der lauwarmen Milch auflösen und mit einer Mehlschicht zudecken. (Dampfl, 20 Minuten). Die handwarme Butter, Zucker, Salz und Zitrone mit den Eiern cremig verschlagen. Mit dem Vorteig zu einem glatten Teig schlagen, gehen lassen und 2 cm dick ausrollen. Ausstechen und im Abstand von 1 cm auf ein befettetes Blech legen, gehen lassen, mit Butter bestreichen und bei 190 °C im vorgeheizten Ofen ca. 12 – 15 Minuten backen. Mit Hilfe eines Spritzbeutels (feine Tülle) mit Marmelade füllen.

Für die Fülle 200 ml Milch mit Zucker und Vanille aufkochen. Puddingpulver mit der restlichen Milch glatt rühren und die kochende Milch eindicken. Vom Herd nehmen und sofort Dotter und Gelatine einrühren. Durch ein Sieb streichen und auf Zimmertemperatur auskühlen lassen. Die Sahne nicht zu fest aufschlagen, unterheben und kühl stellen.

Anrichten

Schafjoghurt am Teller verteilen. Den Schokoladeblätterteig 2 – 3 Mal durchschneiden und mit der Vanillecreme schichtartig füllen sowie am Teller anrichten. Mit Bitterschokoladensauce nappieren. Lauwarmes Marillen-Dukaten-Buchterl und Karamelleis zugeben. Eventuell mit Kompottbirnen garnieren.

Timballino von frischer Erdbeer-Panna cotta
im Apfel-Karamell, Mandelkrokant und Vanilleschoten-Eis

Zutaten für 8 Portionen

Biskuit

weißer Biskuitboden, (Maße: 25 x 12 cm, Höhe: 1,5 cm), siehe S. 205

6 Zylinderformen à 5,5 cm, Backpapierstreifen (Höhe: 4 – 5 cm)

3 EL Marillenmarmelade, 6 cl Grand Marnier

Panna cotta

190 ml Sahne, 190 ml Milch

1/3 Vanilleschotenmark, 2½ EL Zucker

2½ Bl Gelatine, in kaltem Wasser eingeweicht, ausgedrückt

100 ml Sahne

Vanilleschoten-Eis (ca. 15 Kugeln)

150 ml Sahne, Mark einer ½ Vanilleschote

1 TL Vanillezucker, 1 EL Rum

100 g weiße Kuvertüre, klein gehackt

300 ml Sahne, 2½ EL Zucker

3 Eiweiß, 2 EL Zucker

Mandelkrokant

75 g Zucker, 40 g Mehl

30 g zerlassene kalte Butter, 1 Eiweiß

3 EL Mandeln, klein gehackt

Apfel-Karamell

3 Äpfel, geschält, entkernt und klein geschnitten

200 ml Wasser, Saft 1 Orange, 3 EL Zucker

200 ml Sahne, 60 g Zucker

frische Erdbeeren und Minze

Zubereitung

Für das Vanilleschoten-Eis Sahne, Vanilleschotenmark, Vanillezucker und Rum aufkochen, über die Kuvertüre gießen und glatt rühren. Auf Zimmertemperatur auskühlen lassen. Sahne mit 2½ EL Zucker locker aufschlagen und unter die Vanillemasse heben. Auch das Eiweiß mit Zucker aufschlagen und unterheben. 5 – 6 Stunden durchfrieren lassen.

Für den Mandelkrokant Zucker mit Mehl verrühren, zerlassene Butter und Eiweiß einarbeiten und zu einem glatten Teig verrühren. 1 Stunde rasten lassen. Die Masse mit einer Schablone (Durchmesser: 5,5 cm) hauchdünn auf Backpapier streichen, mit den Mandeln bestreuen und im vorgeheizten Ofen bei 190 °C ca. 6 Minuten gleichmäßig goldgelb backen. Ist die Zeit zu kurz, werden sie nicht knusprig. Auskühlen lassen und luftdicht aufbewahren.

Den Biskuitboden mit Grand Marnier beträufeln und mit Marmelade dünn bestreichen. Mit einem Durchmesser von 5,5 cm rund ausstechen und in die mit Backpapier ausgelegte Zylinderform stecken.

Für die Panna cotta Sahne, Milch, Vanilleschotenmark und Zucker aufkochen, Gelatine einrühren und unter gelegentlichem Rühren kühl stellen, bis die Masse dick wird. 100 ml nicht zu steif geschlagene Sahne unterrühren und nochmals kurz im Kühlschrank anziehen lassen. In Formen füllen und gut durchkühlen lassen.

Für den Apfel-Karamell die Äpfel mit Wasser, Zucker und Orangensaft weich kochen, abseihen und dick pürieren, anschließend auskühlen lassen. Sahne aufkochen, aus Zucker einen Karamell herstellen und mit der heißen Sahne ablöschen. Auskühlen lassen. Bei Raumtemperatur aufbewahren.

Fertigstellung

Panna cotta aus den Formen nehmen, auf Teller setzen und mit geschnittenen Erdbeeren umlegen. Den Mandelkrokant draufsetzen. Den Apfel-Karamell rundum anrichten. Das Vanilleschoten-Eis auf den Krokant setzen und mit etwas aufgeschlagener Sahne und frischer Minze servieren.

SÜSSER GUSTO
WARME UND KALTE DESSERTS

190 SÜSSER GUSTO
WARME UND KALTE DESSERTS

Mehlspeis von Bitterschokolade
und Kastanien mit Apfel-Mandl

Zutaten für 5–6 Personen

Schokoladebiskuit
- 70 g dunkle Kuvertüre, 60 %
- 70 g Butter, lauwarm-flüssig
- 70 g gemahlene Mandeln
- 7 Dotter
- 7 Eiweiß
- 160 g Zucker
- 30 g Kakao, ungesüßt
- 1 Prise Salz
- 1 EL Mehl
- 1 EL Stärkemehl

Kastaniencreme
- 350 ml Sahne
- 2 EL Zucker
- 2 cl Rum
- 250 g Kastanienpüree

Apfel-Mandl
- 3 Äpfel, geschält, entkernt und klein geschnitten
- 200 ml Wasser
- Saft einer Zitrone
- 3 EL Zucker
- 3 Nelken

Schokolade-Ganache
- 250 g Bitterschokolade, 60 %, klein gehackt
- 200 ml Sahne

- 3 EL Marillenmarmelade
- etwas Rum zum Tränken
- 500 g gekochte, geschälte Kastanien
- etwas Butter und Honig

Zubereitung

Für den Biskuit die Schokolade zum Schmelzen bringen, Butter hinzufügen und einarbeiten. Mandeln einrühren und auf Zimmertemperatur auskühlen lassen. Dotter mit der Hälfte des Zuckers und mit Kakaopulver schaumig schlagen und unter die Schokolademischung heben. Eiweiß mit Salz und dem restlichen Zucker steifschlagen und mit Mehl sowie Stärkemehl locker in die Biskuit-Mischung einarbeiten. Auf ein mit Backpapier ausgelegtes Blech streichen und im vorgeheizten Ofen bei 180 °C ca. 30 Minuten backen. Auskühlen lassen. Aus dem Biskuit drei Streifen mit 25 x 7 cm schneiden, mit etwas Rum beträufeln und mit Marmelade dünn bestreichen.

Für die Schokoladen-Ganache Sahne aufkochen, über die Bitterschokolade gießen und glatt rühren. Zwei der Biskuitstreifen damit dünn bestreichen und auskühlen lassen. Den Rest der flüssigen Schokolade warm stellen.

Für die Kastaniencreme Sahne, Zucker und Rum nicht zu fest aufschlagen und 150 g Kastanienpüree fein hineinhobeln, locker umrühren. Eine mit Schokolade bestrichene Biskuitplatte auf eine Tortenplatte legen und mit der Hälfte der Creme bestreichen. Etwas Kastanienpüree drüberhobeln und mit der zweiten Biskuitplatte abdecken. Diese ebenfalls mit Creme bestreichen und Kastanienpüree drüberhobeln. Mit der dritten Platte, die nur mit Marmelade bestrichen ist, abdecken. Die Mehlspeis mit der warm gestellten Schokolade glasieren und 1 Stunde kalt stellen.

Für das Apfel-Mandl die Äpfel mit Wasser, Zucker, Zitrone und Nelken weich kochen, Nelken entfernen und zu einem dicken Mus passieren.

Die Kastanien in etwas Butter und Honig heiß schwenken.

Anrichten

Die Mehlspeis 15 Minuten vor dem Servieren aus dem Kühlschrank nehmen und in Stücke schneiden. Mit Honigkastanien und Apfel-Mandl anrichten.

SÜSSER GUSTO
WARME UND KALTE DESSERTS

Geeister Schaum vom Lavanttaler Bananenapfel

mit Preiselbeeren und Haselnuss-Krokant und mit Nougat gefüllten Mandelröllchen

Zutaten für 8 Portionen

Geeister Schaum
- 3 Dotter, 2 EL Zucker
- ½ EL Honig, 1 Messerspitze Nelkenpulver
- 3–4 Lavanttaler Bananenäpfel
- 300 ml Sahne, 3 EL Zucker

Nougatmousse
- 3 Dotter, 1 Schuss Rum, 1 EL Wasser
- 2 Bl Gelatine, in kaltem Wasser eingeweicht
- 125 g Nougat, flüssig
- 250 g Sahne

Mandelröllchen
- 40 g Mehl, 40 g Staubzucker, 1 Eiweiß
- 1 EL zerlassene Butter
- 4 EL gehobelte Mandeln

Preiselbeeren
- 10 EL frische Preiselbeeren
- 1 Orange, gepresst
- ½ Zimtstange
- 1 EL Honig
- 1 EL Preiselbeermarmelade

Haselnuss-Krokant
- 100 g geriebene Haselnüsse
- 3 EL Wasser, 1 EL Zucker

Zubereitung

Für den Schaum die Lavanttaler Bananenäpfel schälen, entkernen und in etwas zuckerhältiger Flüssigkeit mit einem Schuss Zitrone weich kochen. Ohne Flüssigkeit fein pürieren und auskühlen lassen. Dotter, Zucker, Honig und Nelkenpulver über Dampf schaumig aufschlagen und weiter schlagen, bis die Masse kalt ist. Mit 8 EL passierten Äpfeln vermengen. Sahne mit Zucker nicht allzu fest aufschlagen und unter die Apfelmasse heben, in Dariolformen abfüllen und 5–6 Stunden durchfrieren lassen.

Für die Nougatmousse die Dotter mit Rum und Wasser über Dampf aufschlagen und die Gelatine einrühren. Den flüssigen Nougat unterrühren und auf Zimmertemperatur abkühlen lassen. Die Sahne locker aufschlagen, unterheben und durchkühlen lassen.

Für die Mandelröllchen Mehl mit Zucker mischen und das Eiweiß dazugeben. Zu einem glatten Teig verarbeiten und unter Rühren die lauwarme Butter zufügen. Mit einer Schablone (Durchmesser: 7 cm) hauchdünne Kreise auf Backpapier streichen und mit Mandeln bestreuen. Im vorgeheizten Ofen bei 200 °C goldgelb backen. Herausnehmen und um einen Gegenstand mit 1 cm Durchmesser rollen. Rasch arbeiten! Kurz vor dem Anrichten die Nougatmousse in einen Spritzbeutel geben und die Röllchen mit Mousse füllen. Röllchen luftdicht aufbewahren.

Für die Preiselbeeren Orangensaft, Zimtstange und Honig aufkochen, 2 Minuten einkochen und die frischen Preiselbeeren zugeben. 1 Minute weiterkochen lassen. Vom Herd nehmen und die Preiselbeermarmelade einrühren. Kühl stellen.

Für den Krokant das Wasser mit Zucker aufkochen und mit den Haselnüssen gut mischen. Esslöffelgroß portionieren und mit einem Nudelholz zwischen zwei Backpapierblättern hauchdünn ausrollen. 1 Blatt abziehen und bei 180 °C ca. 6–8 Minuten knusprig backen. Auskühlen lassen und luftdicht aufbewahren.

Anrichten

Das Eis vor dem Servieren aus dem Tiefkühlfach nehmen. Mit Haselnuss-Krokant und Preiselbeeren auf einer Tellerhälfte anrichten. Die gefüllten Mandelröllchen dazulegen und mit pürierten Früchten und lauwarmer Vanillesauce servieren.

Süßspeis von heller und dunkler Schokolade

mit Holunderblüten-Eiscreme und Grand-Marnier-Sahne

Zubereitung

Für das Holunderblüten-Eis den Sirup mit 50 ml Sahne erhitzen, über die Kuvertüre gießen und glatt rühren. Auf Zimmertemperatur auskühlen lassen. 300 ml Sahne und 1 EL Zucker nicht zu fest aufschlagen und unter die Masse rühren. Auch das mit 2 EL Zucker aufgeschlagene Eiweiß unterheben und 5 – 6 Stunden durchfrieren lassen.

Für die Biskotten Mehl mit Stärkemehl mischen. Dotter, Ei, Staubzucker und Vanillezucker schaumig aufmixen. Eiweiß, Zucker und Salz zu einem festen Schnee schlagen. Die Dotter-Zucker-Mischung unter den Eischnee heben und das mit Mehl vermischte Stärkemehl locker unterheben. Streifen von 3 cm Länge auf Backpapier dressieren und mit Kristallzucker bestreuen. 10 Minuten bei 180 °C backen und 10 – 12 Minuten bei 110 °C trocknen. Auskühlen und luftdicht verschließen.

Für die Süßspeis von heller und dunkler Schokolade die weiße Kuvertüre im nicht zu heißen Wasserbad schmelzen. Ei, Dotter, Rum und Wasser über Dampf schaumig aufschlagen und die eingeweichte Gelatine einrühren. Die geschmolzene Schokolade unterziehen und auf Zimmertemperatur abkühlen lassen. 250 ml aufgeschlagene Sahne unterheben, halbvoll in die Rehrückenform gießen und ca. 15 – 20 Minuten kühl stellen, bis die Masse eine feste Oberfläche aufweist. Bitterschokolade in nicht zu heißem Wasserbad schmelzen. Ei, Dotter, Mocca, Orangenschale und Cognac über Dampf schaumig aufschlagen, mit der dunklen Schokolade mischen und kalt rühren. Mit 250 ml aufgeschlagener Sahne mischen und auf die weiße Creme gießen. Der Länge nach mit Biskotten abdecken und 4 – 5 Stunden kühl stellen.

Für die Grand-Marnier-Sahne die Sahne, Grand Marnier und Zucker aufschlagen und kühl stellen.

Fertigstellung

Die Süßspeis auf einen Tortenteller stürzen, mit einem heißen Messer schneiden und gleichzeitig anrichten. 1 Kugel Holunderblüteneis und die Grand-Marnier-Sahne dazu anrichten. Mit pürierten Früchten und Rhabarberkompott servieren.

Zutaten für 10 – 12 Portionen

Holunderblüten-Eis

100 g weiße Kuvertüre, fein gehackt

100 ml Holerblütensirup

350 ml Sahne

1 EL Zucker

3 Eiweiß, 2 EL Zucker

Helle Creme

200 g weiße Kuvertüre, klein gehackt

1 Ei, 4 Dotter, 1 Schuss Rum, 1 EL Wasser

2½ Bl Gelatine, in kaltem Wasser eingeweicht

250 ml Sahne

Dunkle Creme

200 g Bitterschokolade, 60 %, klein gehackt

1 Ei, 4 Dotter, 1 Mocca

Schale einer ½ Orange

1 Schuss Cognac

250 ml Sahne

1 Rehrückenform, mit Klarsichtfolie ausgelegt

Biskotten

75 g Mehl, 50 g Stärkemehl

3 Dotter, 1 Ei

50 g Staubzucker, 1 Prise Vanillezucker

5 Eiweiß, 1 Prise Salz, 70 g Zucker

etwas Kristallzucker

Grand-Marnier-Sahne

200 ml Sahne, 1½ EL Grand Marnier, 1 EL Zucker

Fertigstellung

Zweierlei pürierte Früchte, Rhabarberkompott

SÜSSER GUSTO
WARME UND KALTE DESSERTS 195

Pralinen

Glasierter Zimt-Orangen-Bitterschokolade-Biskuit

Unter einer dunklen Umhüllung eine Füllung aus weichem Schokoladebiskuit mit feinem Orangen-Zimt-Aroma. Die Stangen lässt man in der Sahne ziehen. Mit einem Hauch von Zimt kann sich der Schokoladegeschmack erst richtig entfalten. Zimtsahne mit etwas Orangenlikör und fein gehackten kandierten Orangen vermischen und den weichen Schokoladebiskuit tränken.

Speckzwetschken-Bitterschokolade

Unter einer Umhüllung von zarter Bitterschokolade präsentieren sich kross gebratene Speckzwetschken. Dörrzwetschken werden halbiert und mit hauchdünnem Bauchspeck umwickelt. In der Pfanne kross gebraten, auf Küchenpapier entfettet. Eine Verbindung, die Fingerspitzengefühl erfordert, denn zu viel und zu dick geschnittener Speck tut dem feinen Geschmack nicht gut.

Himbeer-Marzipan mit Mocca

Eine Füllung aus rohem Marzipan mit einem Schuss Himbeerlikör, frischen Himbeeren und einem Hauch Mocca, umhüllt von zarter Bitterschokolade (60 – 70 %). Diese Verbindung gelingt nur mit Früchten, die reichlich Sonne genossen haben und sehr intensiv duften oder mit sehr reifen Waldhimbeeren.

Vanille-Tiramisu-Röllchen

Die Dotter der Tiramisumasse werden mit etwas Rum, Vanilleschoten und Vanillezucker warm aufgeschlagen, um das Aroma der Vanille freizugeben. Der Biskuit wird in heißem Vanille-Mocca getränkt. Vanillemark mit heißem Mocca übergießen und 2 Stunden ziehen lassen.

„Jede Tradition hat mal als Neuheit begonnen."

Seppi junior

SÜSSER GUSTO
WARME UND KALTE DESSERTS

Minz-Marzipan-Schokolade

Unter einer zarten dunklen Umhüllung ist roher Marzipan mit Minzsirup und -sahne vermischt. Die Blätter der frischen Pfefferminze werden mit der Schere zugeschnitten, um das ganze Aroma freizusetzen. Mit etwas Sahne vermischen, aufkochen und ziehen lassen. Auf diese Weise erhält man einen frischen, kräftigen und zarten Minzgeschmack.

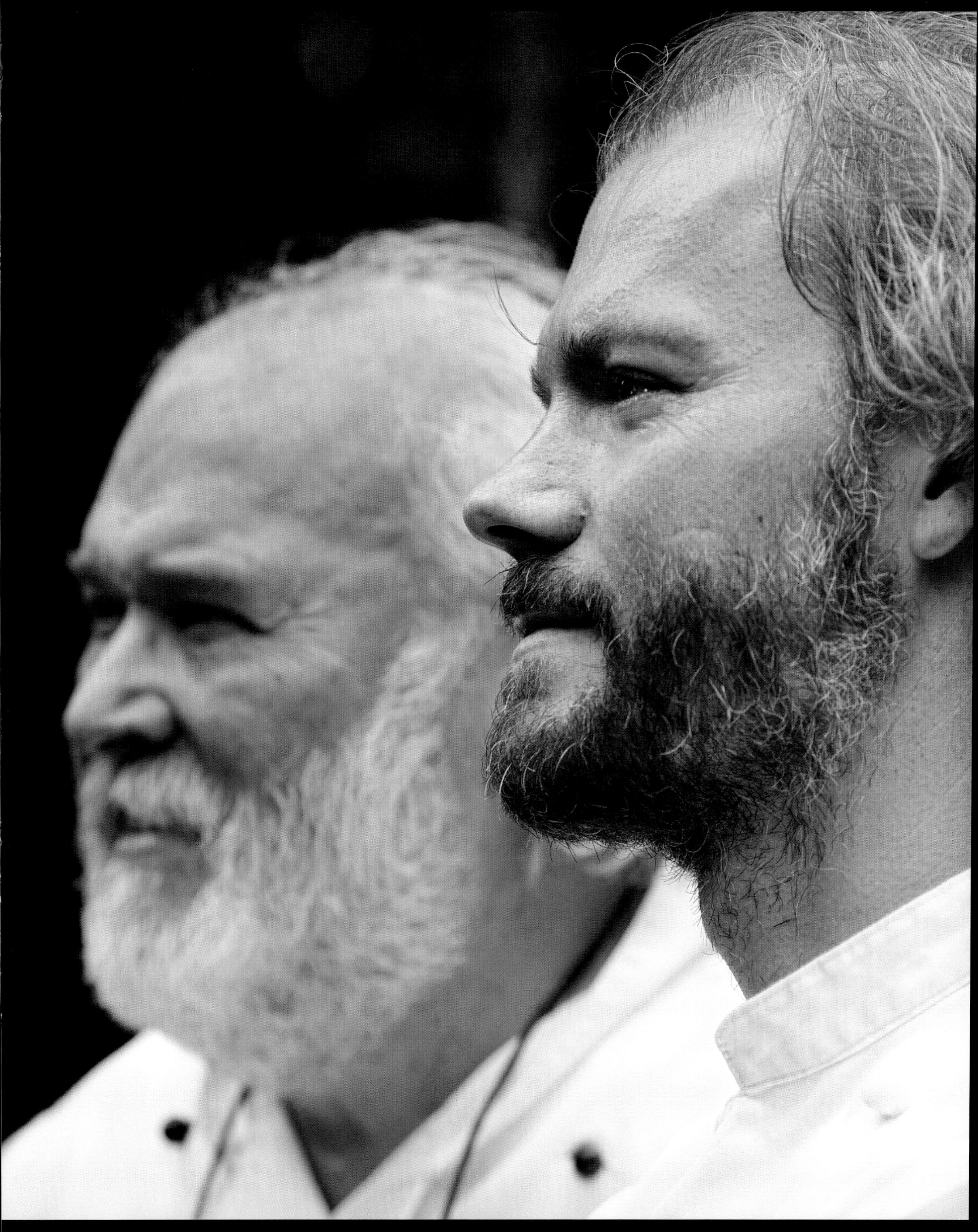

Rezept... beeren

3 kg Preiselbeeren
1½ kg Zucker
¼ l Rotwein
T. Einsiedehilf...
...ige Gewürznel...
...i. Rotwein ge...

Vanillekipferl

28" Mehl
21" Butter
10" Mandeln
7" Zucker
1 Ei

Rum — Dunst...

15" Zucker
20 dekan...
1 Ei
4 Schokolade...
1 Kartoffel...
Zit...

Kastanientorte.

22 dkg Fett, 22 dkg Zucker, 7½ Dotter (¼ Stunde abtreiben.) 1½ Rigaer Schokolade, 31 dkg passierte Kastanien, 7½ Klar Schnee. Diese Masse wird ge...
...kalt einmal durchschnitten, mit ...aro gefüllt und obenauf mit Schokolade überzogen.

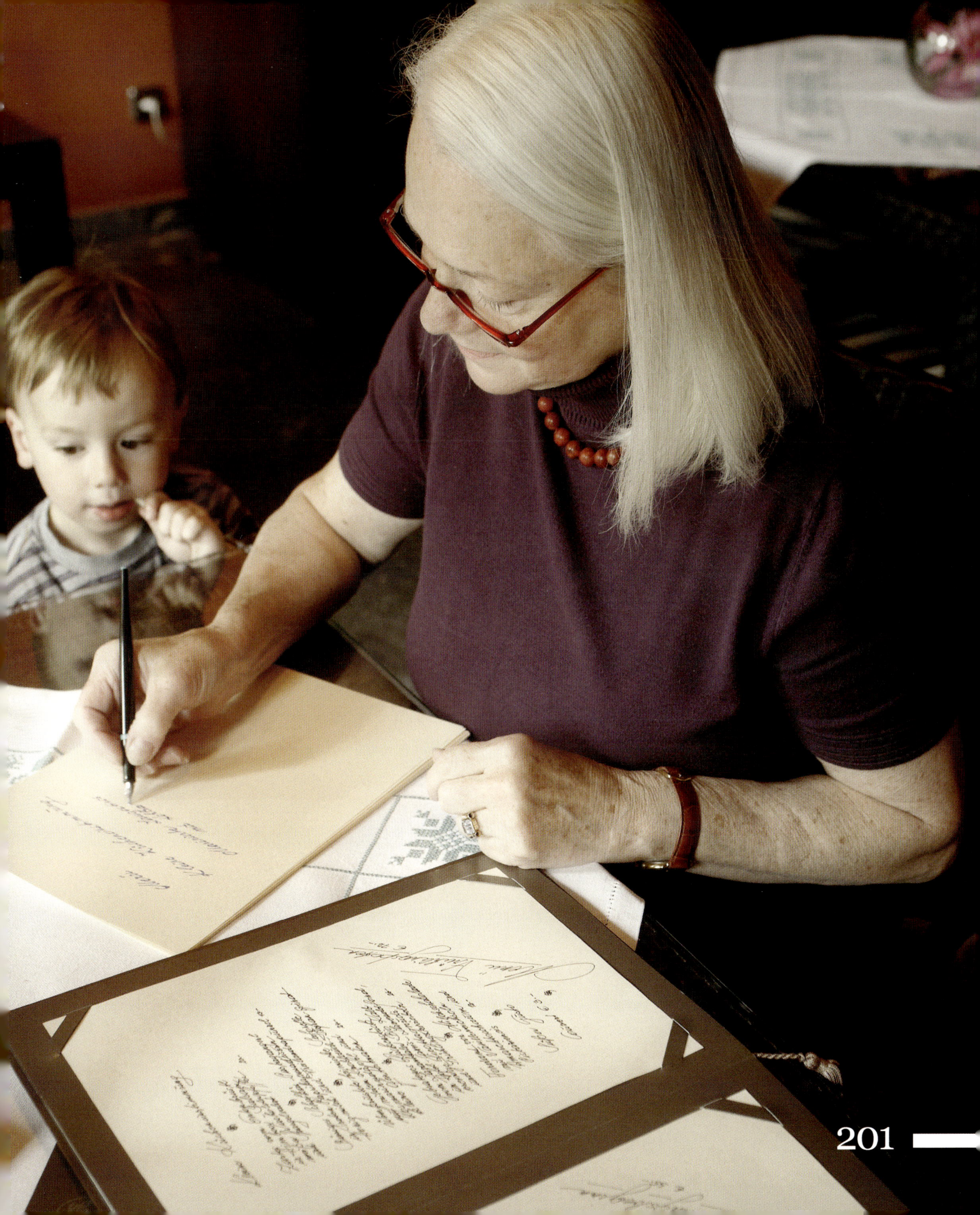

MENÜVORSCHLÄGE

Junior-Menü

Honigwachteln auf Orangen-Zimt-Preiselbeeren mit marinierter Entenleber und glacierten Kastanien

Schaumsuppe von der Knollensellerie mit Walnuss-Apfel-Ravioli

Gefülltes Ochsenschwanzknöderl auf Röstspeckkraut

Zartes vom Reh auf Wacholder-Kohlrabi und Salbeihonig-Kirschen

Tarte Tatin vom Boskop-Apfel in lauwarmer Vanille-Bitterschokolade und Nougat-Eis

Senior-Menü

Zart gebratenes Lavendel-Reh mit Frühkirschen und Marillen-Tomaten

Röstspeck-Polenta-Pasta mit frischem Schaftopfen und grünem Spargel

Lammnuss-Bratl mit frischen Kräutern

Ribisel-Buttermilch-Mousse im Glas mit Salbeihonig-Eis und Mandel-Knuspertalern

Junior-Menü

Salat von frischen Thymian-Zitronen-Artischocken mit mild gebratenem Kärntner Laxn, Krenparadeisern und Naturjoghurt

Cremiges Polentagangerl mit Butterbröseln und geräuchertem Topfenkäse

Basilikum-Erbsen-Pasta mit frischen Draukrebserln

Zart gebratener Rücken vom Bio-Milchkalb im Apfel-Balsam auf suppigem Brennnessel-Naturrisotto und Frühlingszwiebeln

Gefüllter Schokoladeblätterteig mit Marillen-Dukaten-Buchteln, Schafjoghurt und Karamelleis

Senior-Menü

Lavanttaler Leberlan auf gedämpftem Frühkraut und rotem Paprika

Zart gebratenes Saiblingsröllchen auf gehackten Eierschwammerln und kleinen Kärntner Nudeln

Gefüllter Schweinsbauch im Natursaft

Geeister Mocca mit Schokolade und Zuckerblätterteig

Junior-Menü

Mariniertes Rindsfilet tonnato mit Olivenkaviar und Kernöl-Rapunzel-Salat

Basilikum-Gnudi mit mild geräuchertem Saibling im Honig-Fenchel

Kaiserforellenknöderln mit knusprigen Erdäpfeln, Riesling-Hollondaise, Kernöl und Zitronenartischocken

Gefülltes Perlhuhnbrüstl mit Morcheln und jungen Zwiebeln

Süßspeis von heller und dunkler Schokolade mit Holunderblüten-Eiscreme und Grand-Marnier-Sahne

Senior-Menü

Timballino von der Räucherforelle im Schnittlauchjoghurt, Bachkresse und zartem Petergrün

Tomatensuppe „natur" mit Schafkäs-Pofesen

Geschmorter Ochsenschwanz vom Jungrind mit Selleriepüree und Ofentomaten

Mit Kastaniencreme gefüllte frische Datteln und pürierte Himbeeren

Vegetarische Ideen

Sellerie-Karotten im gekühlten, leicht gesüßten Paradeisersaft

Geeiste Buttermilch-Gurken-Schaumsuppe mit gebeizter Kaiserforelle

Schafkästascherln mit rotem Paprika und Rucola-Apfel

Tiramisu „classico" mit frischen Himbeeren

Marinierte Steinpilze mit Olivenkaviar und Parmesan

Schaumsuppe von der Knollensellerie mit Walnuss-Apfel-Ravioli

Kürbiskrapferln auf Apfel-Radicchio-Salat, Honigöl und Cassis-Essig

Mehlspeis von Bitterschokolade und Kastanien mit Apfel-Mandl

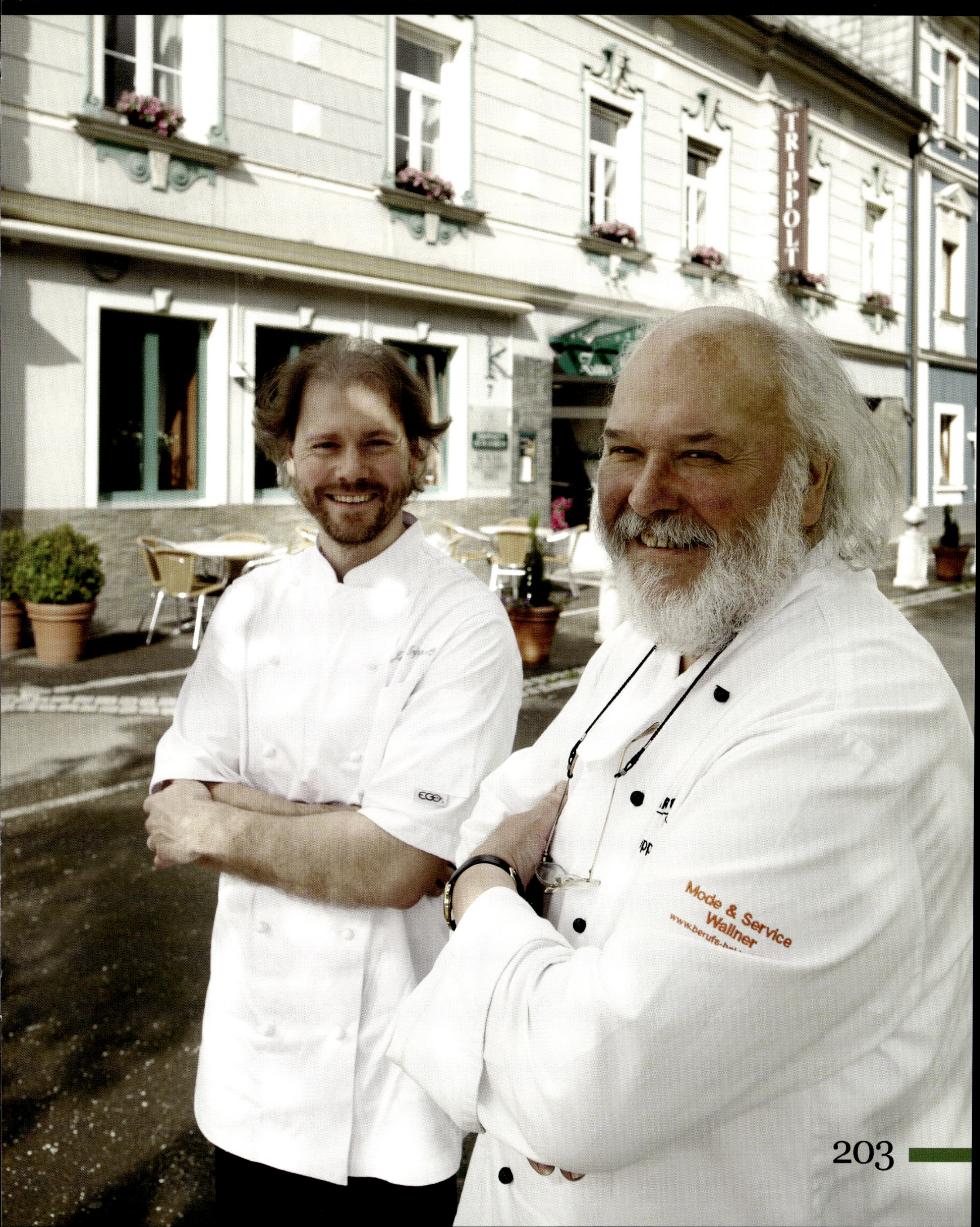
TRIPPOLT
Mode & Service
Wallner

GRUND-REZEPTE

Nudelteig, 400 g

330 g glattes Mehl, Type 480

3 Eier

2 EL Olivenöl

Salz

wenn nötig: 1 EL Wasser

Eier, Olivenöl und Salz in einer Schüssel vermengen. Nach und nach das Mehl dazusieben und so lange verkneten, bis sich der Teig vom Schüsselrand und den Händen löst. Wenn nötig, etwas Wasser zugeben. Der Nudelteig muss schön glatt, fest und zäh sein. Zur Kugel formen, in Klarsichtfolie einschlagen und 60 Minuten kühl stellen. Danach kann er zu jeder beliebigen Pasta verarbeitet werden.

Weiße Einbrenn

50 g weiche Butter

100 g Weizenmehl, glatt

Die handwarme Butter schaumig aufschlagen und das ganze Mehl zufügen. Mit dem Handmixer so lange schlagen, bis alles fein bröselig ist. In die kochende Sauce einstreuen.

Rindssuppe, ca. 3 l

1½ kg Rindsrippen

5 – 6 l Wasser

2 Karotten

1 Lauch

1 – 2 Staudensellerie

1 Sellerieknolle

1 Zweig Liebstöckel

2 Zwiebel, halbiert

2 TL weiße Pfefferkörner

4 Lorbeerblätter

5 – 6 Wacholderbeeren, halbiert

2 Eiweiß und Eierschalen

Die Rindsrippe gut waschen und abtrocknen. In einen hohen Topf geben und mit 5 – 6 l kaltem Wasser übergießen. Das geputzte und in grobe Würfel geschnittene Gemüse und den Liebstöckel hineingeben. Die Schnittflächen der Zwiebel in einer heißen Pfanne bräunen und ebenfalls zufügen. Die Gewürze zugeben und die beiden Eiweiß mit den Schalen unterrühren, zum Kochen bringen und ca. 2 Stunden auf kleiner Flamme köcheln lassen.

Hühnersuppe, ca. 2 – 3 l

1 Suppenhendl, 1 – 1,2 kg

30 g Butter

1 Staudensellerie

3 Karotten

1 Lauch

1 Zwiebel

Salz

6 Pfefferkörner, weiß

5 Wacholderbeeren, halbiert

2 Lorbeerblätter

100 ml trockener Weißwein

3½ l Wasser

Das Suppenhendl halbieren. Die Butter in einem hohen Topf zerlassen, das Hendl und das geputzte und in grobe Würfel geschnittene Gemüse darin anschwitzen, ohne, dass sie Farbe annehmen. Leicht salzen, Lorbeerblätter, Pfefferkörner und Wacholderbeeren zugeben und mit Weißwein ablöschen. Völlig abkühlen lassen, damit der Fond später klar wird. Mit kaltem Wasser auffüllen und zum Kochen bringen. Hitze reduzieren und 3 Stunden langsam köcheln lassen. Den Schaum, der sich an der Oberfläche absetzt, abschöpfen. Durch ein Sieb geben und auskühlen lassen.

Lammfond, ca. 1 l

1 kg Lammknochen, vom Fleischhauer hacken lassen

Öl zum Anbraten

1 EL Tomatenmark

1 Zwiebel

2 Knoblauchzehen

1 Staudensellerie

2 Tomaten

4 Petersilienstängel

1 Zweig Rosmarin

2 Lorbeerblätter

10 g Pfefferkörner, weiß

Salz

20 g Butter

100 ml Rotwein

2 l Wasser

Das Öl in einem Topf mit weitem Boden heiß werden lassen, Knochen zugeben und dunkelbraun anrösten. Tomatenmark zugeben und 5 Minuten weiterrösten. Die grob gewürfelten Tomaten, das Gemüse, die Gewürze und Kräuter zufügen und leicht salzen. Butter untermischen und unter kräftigem Rühren den Belag vom

Boden schaben, damit alles eine dunkle Farbe bekommt, ohne zu verbrennen. Mit Rotwein ablöschen, mit kaltem Wasser aufgießen und zum Kochen bringen. Ca. 3 Stunden ganz langsam auf dem Herd köcheln lassen. Zwischendurch abschäumen und entfetten. Am Ende der Kochzeit durch ein Sieb gießen, mit Salz abschmecken, auskühlen lassen und portionsweise einfrieren.

Wildfond, ca. 1 ½ l

1 kg Wildknochen und Parüren

Öl zum Anbraten

2 Karotten

2 Stangensellerie

1 l Rotwein

6 g Pfefferkörner, weiß

20 Wacholderbeeren, halbiert

2 Lorbeerblätter

1 Lavendelzweig

2 l Wasser

2 EL Preiselbeeren

1 EL Honig

Salz

Das Öl in einem breiten Topf heiß werden lassen. Die Wildknochen und Parüren gut anrösten, klein geschnittene, geputzte Karotten und Stangensellerie beigeben und mitrösten, bis alles schön dunkelbraun ist. Mit etwas Rotwein ablöschen und die Flüssigkeit einkochen lassen. Diesen Vorgang solange wiederholen, bis ¾ des Rotweins verbraucht sind. Pfefferkörner, Wacholderbeeren, Lorbeerblätter und den Lavendelzweig zugeben. Mit Wasser, dem restlichen Rotwein, den Preiselbeeren und dem Honig aufkochen und etwa 1 ½ Stunden köcheln lassen. Immer wieder den Schaum und andere Unreinheiten von der Oberfläche abschöpfen. Salzen, durch ein Sieb gießen und portionsweise einfrieren.

Braune-Grundsauce-Fond, ca. 1 l Fond

1,5 kg Fleischknochen vom Rind und Kalb

500 g magere Rindsrippen

ca. 40 g Öl

3 Karotten

1 Sellerie

1 EL Tomatenmark

Thymian, Rosmarin, 2 Lorbeerblätter, 10 Pfefferkörner

5 Wacholderbeeren

300 ml Rotwein

2 l Wasser

Salz

In einer tiefen Pfanne oder einem Topf das Öl erhitzen, die klein gehackten Fleischknochen und Parüren beigeben und langsam dunkel bräunen. Das grobwürfelig geschnittene Gemüse rösten. Das Tomatenmark, die Kräuter, Pfefferkörner und Wacholderbeeren untermischen. Mit dem Rotwein ablöschen. Mit 2 l kaltem Wasser auffüllen, alles zum Kochen bringen und 2 Stunden langsam einkochen. Salzen und durch ein feines Sieb passieren. Die Sauce sollte 1 l ergeben und schön glänzend sein.

Braune Butter

Butter aus Süßrahm goldgelb erhitzen und durch ein Sieb passieren. Heiß über angerichtete Speisen wie Fisch, Gemüse, Knöderln, Pasta usw. gießen.

Bröselbutter

Semmelbrösel in erhitzter Butter rösten und über die Speisen träufeln.

Ganache

Grundrezept für Torten und Pralinenfüllung

Schokolade sehr fein hacken und in eine Schüssel geben. Sahne in einen Topf gießen und aufkochen. Kochende Sahne auf die Schokolade gießen und einige Sekunden ruhen lassen. Dann mit einem Schneebesen langsam glatt rühren, bis sich die Schokolade ganz aufgelöst hat.

Schokoladenguss

Grundrezept für die Glasur von Kuchen, Torten und Rouladenbiskuit

310 ml Milch

520 g dunkle Schokolade

38 g Glukosesirup

38 g weiche Butter

Schokolade hacken und in eine Schüssel geben. Milch in einem Topf zum Kochen bringen. Kochende Milch auf die Schokolade gießen und langsam umrühren, bis die Schokolade schön glatt ist. Glukosesirup und Butter beifügen und wieder rühren, bis ein glänzender Guss entstanden ist.

Heiße Schokoladensauce, für ca. 6 – 8 Portionen

¼ l Sahne

30 g Waldhonig

½ Vanilleschote

200 g Schokolade, 60 %

Die Sahne mit dem Honig und der Vanilleschote aufkochen. Dann die Vanilleschote aufschneiden und das Mark abstreifen. Die Schokolade im Wasserbad auflösen und die heiße Sahne nach und nach unterrühren.

Vom Umgang mit Schokolade

Schokolade hacken

Damit die Schokolade leichter schmilzt, sollte man sie in Stücken auf ein Brett legen und mit dem Messer sehr fein hacken.

Schokolade schmelzen

Die gehackte Schokolade in einem Wasserbad bei wenig Hitze schmelzen lassen. Ab und zu umrühren. In die Schokolade darf kein Wasser gelangen.

Minzschokolade und andere Kräuter

Um einer Ganache ein Aroma von Minze zu geben, erhitzt man die Sahne, legt Minzblätter oder andere aromareiche Kräuter hinein und lässt die Sahne eine Weile ziehen. Das Ganze durch ein Sieb auf die Schokolade gießen.

Torten und Süßspeisen schneiden

Um eine weiche Torte oder Süßspeise in ansehnliche Stücke zu schneiden, die Torte im Kühlschrank kalt stellen. Ein Messer mit dünner Klinge auswählen und unter heißes Wasser halten, abtrocknen und die Torte oder Süßspeise schneiden. Das Messer nach jedem Schnitt erwärmen und abwischen. Die Torte oder Süßspeise vor dem Servieren einige Minuten bei Zimmertemperatur stehen lassen.

Heller Biskuit

8 Dotter von mittelgroßen Eiern
100 g Zucker
1 Prise Salz
1 TL Zitronenzesten
8 Eiweiß von mittelgroßen Eiern
100 g Zucker, 1 Prise Salz
200 g Mehl
1 EL Stärkemehl

Dotter mit 100 g Zucker, Salz und Zitronenzesten schaumig rühren und fest aufschlagen. Das Eiweiß mit 100 g Zucker und einer Prise Salz zu einem festen Schnee schlagen und unter die Dottermasse heben. Zuletzt das Mehl und das Stärkemehl locker unterziehen. Im vorgeheizten Rohr bei 180 °C ca. 25 Minuten backen.

Vanillesauce

5 Dotter
100 g Zucker
½ l Milch
½ Vanilleschote

Vanilleschote auskratzen und das Mark mit der Milch aufkochen. Dotter und Zucker mit dem Schneebesen cremig rühren und in die heiße Vanillemilch geben. Dann bis kurz vor dem Siedepunkt erhitzen. Die Sauce wird durch leichtes Gerinnen des Dotters merklich dickflüssiger. Wird dieser Zeitpunkt verpasst, flockt das Eigelb aus.

Vanillesauce, mit Stärke gebunden

½ l Milch
40 g Zucker
½ Vanilleschote
10 g Speisestärke
2 Dotter

Von der Milch 2 – 3 EL zum Anrühren der Stärke abnehmen und den Rest mit dem Zucker und der Vanilleschote zum Kochen bringen. Inzwischen die Stärke mit der Milch gut verrühren. Die Vanilleschote aus der kochenden Milch nehmen, das Mark abstreifen und unter kräftigem Rühren die Sauce mit der angerührten Stärke binden. Dotter dazugeben, kurz aufkochen lassen und anschließend kalt rühren.

Fruchtsaucen

Heidelbeersauce, für 4 – 6 Portionen

250 g frische Heidelbeeren mit 80 g Zucker im Mixgerät pürieren und anschließend durch ein feines Sieb passieren. 2 cl Crème de Cassis unterrühren und zum Schluss 4 cl halbsteif geschlagene Sahne unterziehen.

Heiße Himbeersauce, für 4 – 6 Portionen

200 g vollreife frische Himbeeren pürieren und passieren. 80 g Zucker und 4 cl kräftigen roten Burgunder mit einem kleinen Stück Zitronenschale aufkochen. Das Himbeerpüree zugeben und etwa 3 – 4 Minuten einkochen. Die Sauce kann natürlich auch kalt serviert werden.

Marillensauce, für 4 – 6 Portionen

250 g vollreife Marillen blanchieren, schälen und die Steine entfernen. Im Mixgerät mit 8 cl Läuterzucker (20 °C) pürieren. Tipp: ½ cl Cognac unterrühren.

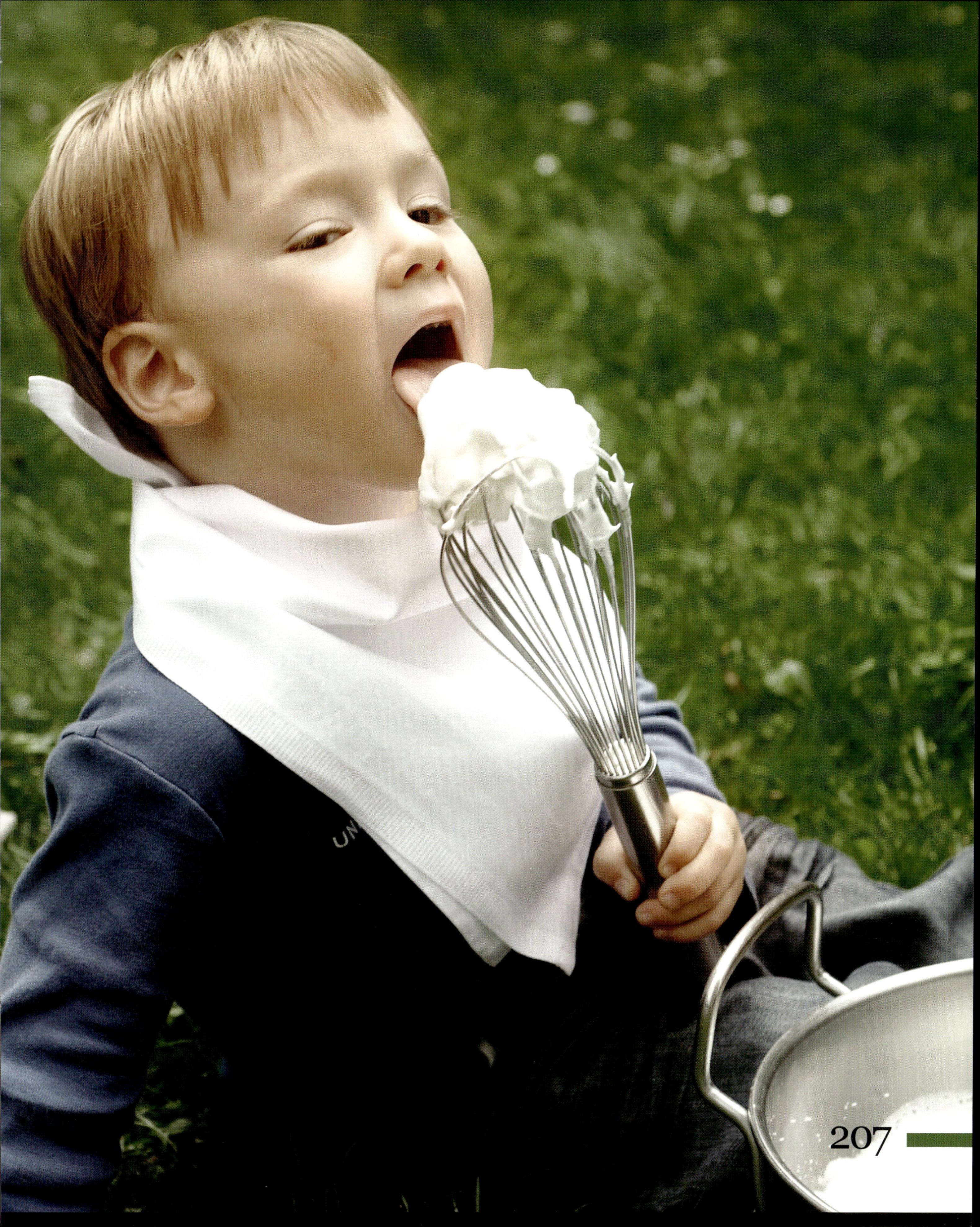

208

209

GLOSSAR

Ablöschen:	Durch Zugabe und Aufkochen von Flüssigkeit (Wein, Wasser, Suppen, Fonds) werden die nach dem Braten am Pfannenboden haftenden Röststoffe (Bratensatz) gelöst. Dient der Aromaverstärkung.
Abschrecken:	Zutaten, meist Gemüse, nach dem Blanchieren kurz in Eiswasser tauchen. Garprozess wird unterbrochen und die leuchtende Farbe erhalten.
Abziehen:	Saucen und Flüssigkeiten mit angerührter Stärke binden, um die gewünschte Konsistenz zu erhalten.
Agnolotti:	Kleine gefüllte Nudelteigtaschen (Ravioli) aus dem Piemont.
Anbraten:	Fleisch bei großer Hitze in Fett kurz braten, damit sich die Poren schließen und Röstaroma entwickelt wird.
Anschwitzen:	Das kurze Garen von Gemüse in wenig Fett bei geringer Hitze, ohne es braun werden zu lassen.
Apfel-Mandl:	Apfelmus
Ausbrechen:	Das Knacken der Schalen und Herauslösen der fleischigen Teile von Krustentieren.
Blanchieren:	Das rohe Gargut in siedendem Wasser kurz aufkochen oder überkochen. Bei einigen Lebensmitteln kann das 3 – 4 Minuten dauern.
Brunoise:	Feinwürfelig geschnittenes Gemüse, ca. 1 – 2 mm
Canapés:	Kleine belegte, mundgerechte Häppchen
Carpaccio:	Bezeichnung für rohe, sehr dünn geschnittene und marinierte Zutaten wie Rindfleisch, Fisch, Wild, Gemüse und Obst.
Dämpfen:	Im aufsteigenden heißen Wasserdampf garen, ohne dass das Gargut die Flüssigkeit berührt.
Dariol-Form:	Kleine feuerfeste Zylinderform, unten geschlossen
Dressieren:	Einer Speise eine bestimmte Form geben oder sie auf besondere Weise anrichten. Mit Spritzbeutel und Tülle.
Dünsten:	Schonendes Garen in wenig Flüssigkeit oder Fett bei mäßiger Temperatur.
Entfetten:	Das Fett von Suppen, Saucen und Fonds in heißem Zustand mit Küchen- oder Filterpapier abnehmen.
Focaccia:	Ligurisches Fladenbrot aus Hefeteig, das vor dem Backen mit Olivenöl, Salz und Kräutern belegt wird.
Garnieren:	Eine Speise hübsch anrichten.
Glasieren:	Überziehen der Speisen mit Sauce oder dem eigenen Saft.
Gnudi:	Eine Nockerl-Art mit Ricotta
Julienne:	In sehr feine Streifen geschnittenes Gemüse, Zündholzgröße
Jus:	Der französische Begriff für Saft. Bezeichnet meist die Flüssigkeit, die beim Braten von Fleisch, Geflügel und Knochen entsteht und für die Herstellung von Saucen verwendet wird.
Karkasse:	Gerippe, Gräten und Panzer von Geflügel, Fisch oder Krustentieren, die meist zur Herstellung von Fonds verwendet werden.

Kärntner Låxn:	Seeforelle aus Kärnten
Kasserolle:	Flacher Topf mit einem Stiel oder Bräter, zum Schmoren und Braten
Läuterzucker:	Zuckerlösung, die durch Aufkochen von Zucker und Wasser gewonnen wird.
Lavanttaler Bananenapfel:	Apfelsorte mit bananenähnlichem Geschmack
Lavanttaler Leberlan:	Innereienspezialität aus Kärnten in Form von Buchteln
Nappieren:	Eine Speise beim Anrichten mit Sauce überziehen.
Parisienne:	Kugel-Ausstecher
Parieren:	Bedeutet eigentlich „herrichten". Fisch und Fleisch von Haut, Sehnen und unerwünschtem Fett befreien und gleichmäßig zurechtschneiden. Parüren nennt man die Stücke, die beim Parieren übrig bleiben.
Passieren:	Eine Flüssigkeit, Farce oder ein Püree durch ein Sieb oder Tuch abseihen, streichen oder drücken, um unerwünschte Rückstände herauszufiltern.
Parüren:	Siehe Parieren
Pofesen:	Herausgebackene, gefüllte Brotscheiben
Pochieren:	In viel Flüssigkeit unterhalb des Siedepunktes gar ziehen.
Rapunzel:	Vogerl- bzw. Feldsalat
Reduzieren:	Flüssigkeiten bei lebhafter Hitze rasch auf die gewünschte Konsistenz oder geschmackliche Konzentration einkochen.
Parmigiano Reggiano:	Italienischer Hartkäse
Ricotta:	Italienischer Frischkäse aus Schaf- oder Kuhmilch
Röhrlsalat:	Löwenzahnsalat
Sautieren:	Klein geschnittene Fleisch-, Fisch- oder Gemüsestücke bei lebhafter Hitze in Fett rasch an- oder gar braten.
Schalotten:	Kleine würzige, eiförmige Zwiebelknollen, edelste Zwiebelsorte
Schröpfen:	Zu einem Gitter einschneiden
Strankerln:	Auch Fisolen, kärntnerisch für grüne, gelbe oder weiße Bohnschoten
Tafelstück:	Das Stück Rindfleisch, das an den Tafelspitz anschließt
Tarte Tatin:	Kopfüber gebackener Apfelkuchen
Timbale:	Feuerfeste Zylinderform, unten offen
Touren:	Mehrfaches Ausrollen und Zusammenlegen des Blätterteiges
Tranche:	Französisch für Scheibe oder Schnitte
Trevisiano:	Radicchio-Art aus Treviso. Ein roter Salat mit länglichen Blättern und zartbitterem Geschmack.
Zeste:	Die aromatische Außenschale von Zitrusfrüchten. Mit einem Schäler oder Zestenreißer ganz dünn abschälen, damit nichts von der weißen bitteren Unterschale dazukommt.

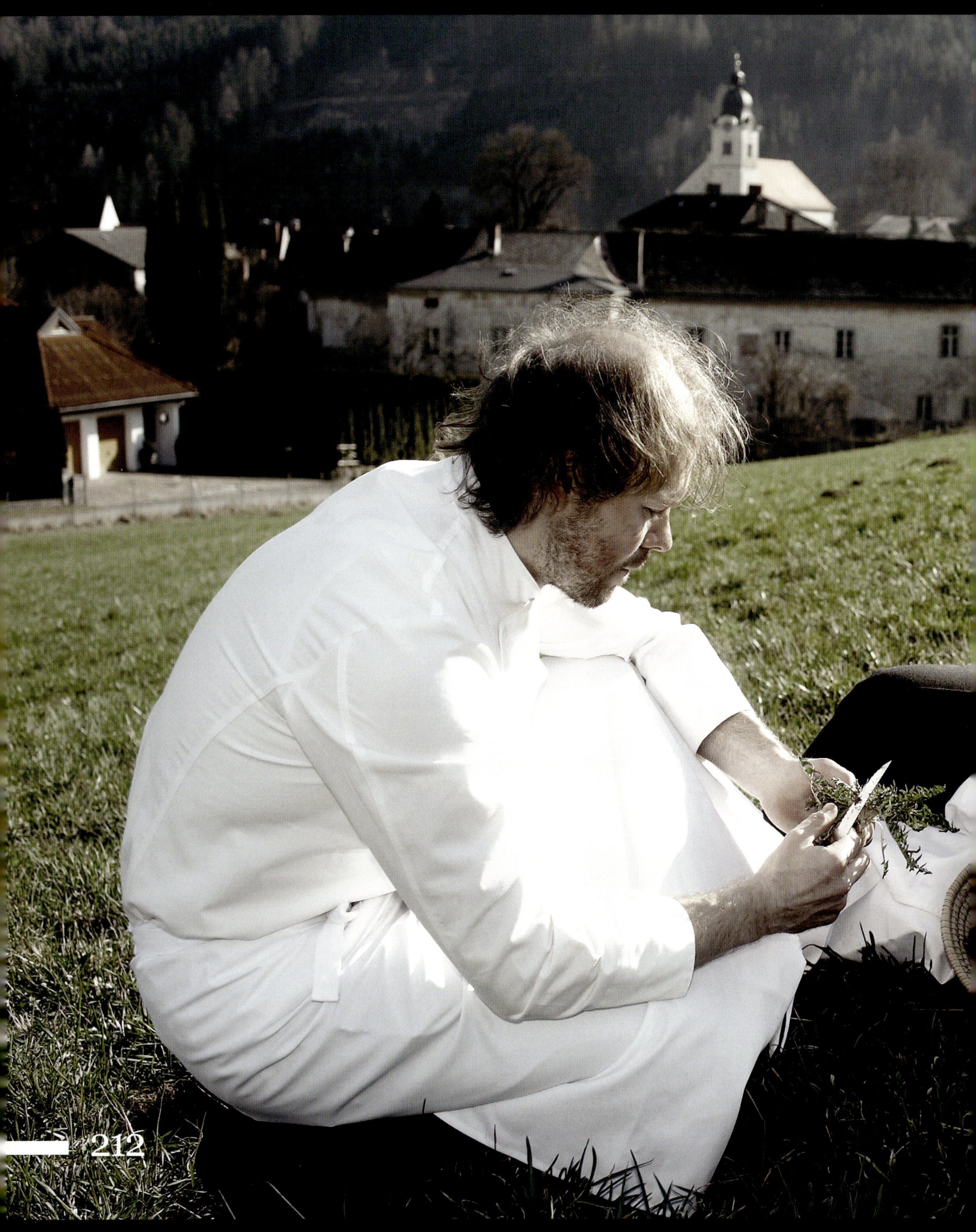

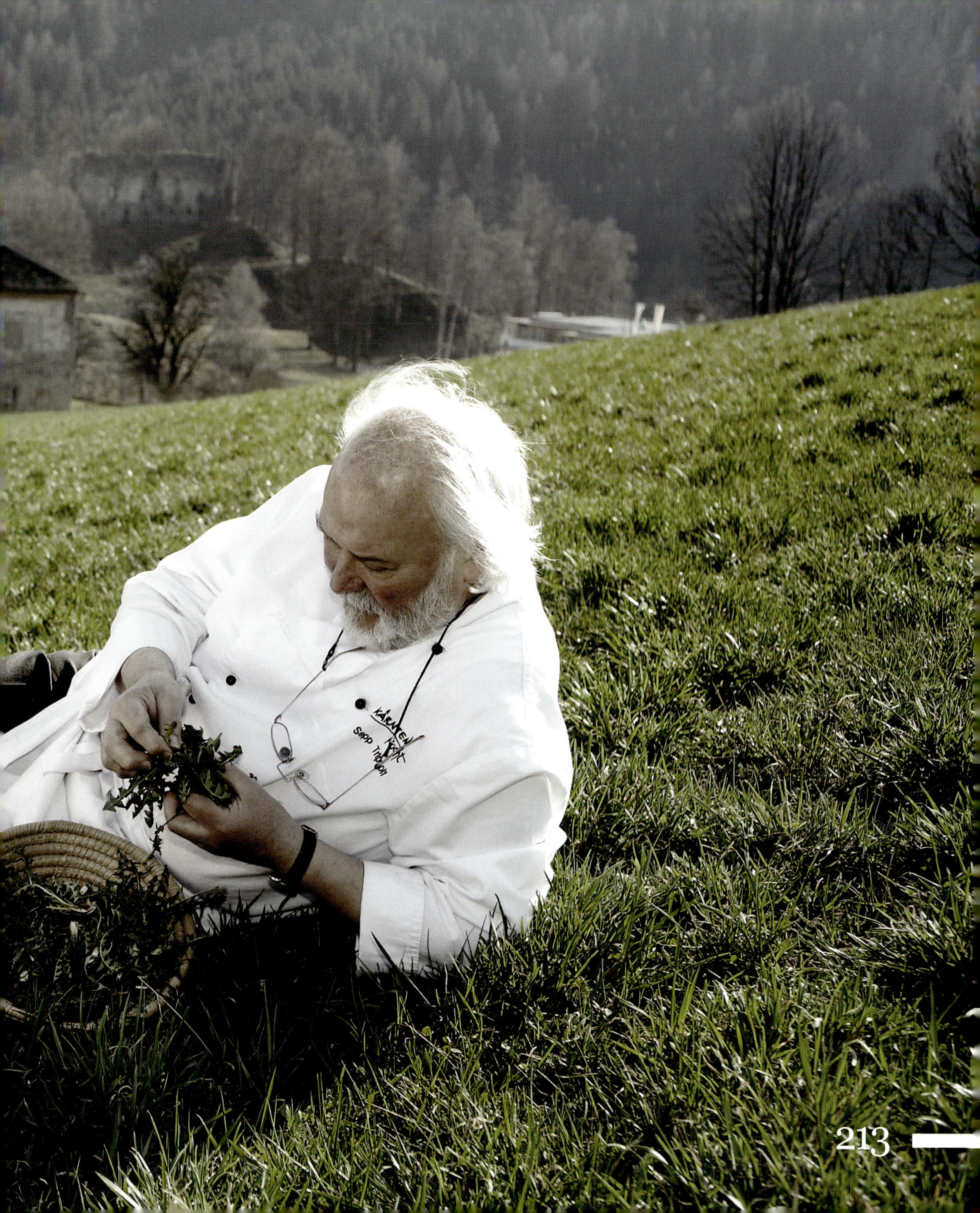

REZEPTVERZEICHNIS

A

165 Afrika-Brot

B

85 Basilikum-Erbsen-Pasta mit frischen Draukrebserln

108 Basilikum-Gnudi mit mild geräuchertem Saibling im Honig-Fenchel

138 Bio-Milchkalb-Rücken im Apfel-Balsam auf suppigem Brennnessel-Naturrisotto und Frühlingszwiebeln

88 Birnen-Gorgonzola-Ecken mit jungem Grün und extra-altem Balsamessig

191 Bitterschokolade-Mehlspeis und Kastanien mit Apfel-Mandl

121 Branzino, mit Steinpilz-Sauté mit Bröseltopfenknöderln und mildem Wacholder

159 Brioche-Sesam-Weckerl

67 Buttermilch-Gurken-Schaumsuppe geeist, mit gebeizter Kaiserforelle

C

31 Canapés mit Apfelkompott und geräuchertem Saibling

75 Cremesuppe von roten und gelben Paprika mit Räucherforellen-Verhackertem

171 Cremiges von der Milchschokolade mit Vanille-Kirschen und Pistazieneis, Palmzucker-Krokant und Amarettosahne

D

182 Datteln, mit Kastaniencreme gefüllt, und pürierte Himbeeren

E

91 Eigelb-Spinat-Raviolo auf passiertem, jungem Spinat und Parmesan

188 Erdbeer-Panna cotta, in Apfelkaramell, Mandelkrokant und Vanilleschoteneis

G

53 Gänseleber-Carpaccio mit Apfel-Radicchio-Salat

161 Grissini

H

196 Himbeer-Marzipan mit Mocca

150 Hirschkalb-Rückenstück im Zweigelt-Pfeffer, Wacholder-Gnudi, Cassis-Schalotten und Marillen

48 Honig-Entenbrüstl mit Paprika-Specklinsen und Wiesenkräutern

141 Honig-Entenbrüstl rosa gebraten, in Muskateller-Trauben-Pfeffer, Erdäpfel-Topfenknöderl und glacierter Chicorée

56 Honigwachteln auf Orangen-Zimt-Preiselbeeren mit marinierter Entenleber und glacierten Kastanien

J

128 Jakobsmuschel überkrustet, mit flaumigen roten Paprikaknöderln, Olivenöl und Honig-Kren-Schaum

K

39 Kaiserforelle warm gebeizt, in Apfelessig und jungem Grün

118 Kaiserforellenknöderl mit knusprigen Erdäpfeln, Riesling-Hollandaise, Kernöl und Zitronenartischocken

81 Kärntner Nudeln, mit braunen Parmesan-Butterbröseln

96 Kastanienravioli im Lavendelsaft mit lauwarmen Honig-Oliven-Äpfeln

124 Knoblauch-Porree-Scampi geröstet, mit gesüßten Tomaten und Frühlingszwiebeln

42 Krebslsalat mit Basilikum-Nussöl

165 Kürbis-Focaccia

94 Kürbiskrapferl auf Apfel-Radicchio-Salat, Honigöl und Cassis-Essig

L

136 Lamm-Karreebratl im Rosmarin-Natursaft, Erdäpfelkrapferln und Paprika-Tomaten

144 Lammnuss-Bratl mit frischen Kräutern

193 Lavanttaler Bananenapfel-Schaum geeist, mit Preiselbeeren und Haselnuss-Krokant sowie mit Nougat gefüllte Mandelröllchen

111 Lavanttaler Leberlan auf gedämpftem Frühkraut und rotem Paprika

61 Lavanttaler Spargel-Rondell, auf Scampi-Carpaccio

50 Lavendel-Entenleber zart gebraten, auf geschmortem Trevisiano, Ingwer-Apfel und Honigschaum

63 Lavendel-Reh zart gebraten, mit Frühkirschen und Marillen-Tomaten

M

198 Minz-Marzipan-Schokolade

174 Mocca geeist, mit Schokolade und Zuckerblätterteig

O

135 Ochsenschwanz geschmort mit Selleriepüree und Ofentomaten

105 Ochsenschwanzknöderl gefüllt auf Röstspeckkraut

P

93 Paradeisernudel mit Kirschtomaten und Krenschaum

143 Perlhuhnbrüstl gefüllt, mit Morcheln und jungen Zwiebeln

113 Polentagangerl mit Butterbröseln und geräuchertem Topfenkäse

R

32 Räucherforellen-Timballino, Schnittlauchjoghurt, Bachkresse und Petergrün-Pesto

40 Räucherforellen-Karottenröllchen mit Apfelkren

149 Reh auf Wacholder-Kohlrabi und Salbeihonig-Kirschen

185 Ribisel-Buttermilch-Mousse im Glas mit Salbeihonig-Eis und Mandel-Knuspertalern

173 Ricotta-Nougat-Süßspeis, leicht gesüßtes Zitronenjoghurt und Brombeeren

107 Riesling-Kalbsbeuschel mit Brioche-Knöderln

47 Rindsfilet tonnato mariniert, mit Olivenkaviar und Kernöl-Rapunzel-Salat

167 Rosinenzopf

99 Röstspeck-Polenta-Pasta mit frischem Schaftopfen und grünem Spargel

55 Rote Rüben mit Orangenöl mariniert, Kohlrabi-Julienne und leicht geröstete Scampi

87 Rote-Rüben-Agnolotti mit Bachkresse und Kompottapfel

S

123 Saiblingsröllchen zart gebraten, auf gehackten Eierschwammerln und kleinen Kärntner Nudeln

58 Salat von frischen Thymian-Zitronen-Artischocken mit mild gebratenem Kärntner Laxn, Krenparadeisern und Naturjoghurt

77 Samtsuppe vom jungen Bärlauch mit Limonen-Bröselknöderl

82 Schafkästascherln mit rotem Paprika und Rucola-Apfel

72 Schaumsuppe von der Knollensellerie mit Walnuss-Apfel-Ravioli

70 Schaumsuppe von Roten Rüben und Kren-Grießnockerln

101 Schlickkrapferl-Pasta mit Parmesan-Kernöl und gesüßtem Zupfsalat

194 Schokolade-Süßspeis hell und dunkel, mit Holunderblüten-Eiscreme und Grand-Marnier-Sahne

187 Schokoladeblätterteig gefüllt, mit Marillen-Dukaten-Buchteln, Schafjoghurt und Karamelleis

155 Schweinsbauch gefüllt im Natursaft

120 Seeforelle „natur" mit frischen Erdäpfelpüree-Draukrebserln

34 Sellerie-Karotten-Terrine im gekühlten, leicht gesüßten Paradeisersaft

196 Speckzwetschken-Bitterschokolade

29 Steinpilze mariniert mit Olivenkaviar und Parmesan

T

147 Tafelstück-Rolle, mit Béchamel-Kren-Spinat und knusprigen Erdäpfeln

180 Tarte Tatin vom Boskop-Apfel in lauwarmer Vanille-Bitterschokolade und Nougat-Eis

177 Tiramisu „classico" mit frischen Himbeeren

69 Tomatensuppe „natur" mit Schafkäs-Pofesen

179 Torte von zarter Bitterschokolade, mit Kirschen und Amarettoschaum

V

196 Vanille-Tiramisu-Röllchen

158 Vollkornbrot (Vinschgerl)

126 Vollkorn-Rüben-Tascherl, in Kren-Honigmilch gebratener weißer Waller

W

167 Weißbrot

45 Wolfsbarsch mit Wurzelgemüse mariniert, Honig-Fenchel-Mus mit Rucola-Apfel

Z

117 Zander-Szegediner mit Zitronenlinsen, Wacholder-Gnocchi und gelbem Paprika

196 Zimt-Orangen-Bitterschokolade-Bisquit glaciert

161 Zimtweckerl

37 Zupfsalate und Kaiserforelle in der Röstikruste

152 Zwiebelhüferl und knusprige Polenta-Palatschinke mit gelben Butterstrankerln

Ihre Ideen sind unsere Baupläne.

Hinter jedem großen Bauprojekt steht eine noch größere Idee. Wir bauen nicht einfach Stein auf Stein oder treiben Meter um Meter Tunnel in einen Berg. Wir gestalten die Welt, in der wir leben. Dabei haben wir uns eine Expertise erarbeitet, die selbst Ihre ausgefallensten Ideen wahr werden lässt. Fordern Sie uns heraus.

// www.alpine.at

ALPINE Bau GmbH
Zweigniederlassung Kärnten · Josef-Sablatnig-Straße 251 · 9020 Klagenfurt · Österreich
Telefon +43 463 33533-0 · Fax -509 · klagenfurt@alpine.at

Ein bärenstarkes Team

Raiffeisenbank Oberes Lavanttal & Restaurant Trippolts Zum Bären

So stark wie die Bären, so stark die Partner

Seit Jahrzehnten begleitet die Raiffeisenbank Oberes Lavanttal das Unternehmen und Spitzenrestaurant „Trippolts Zum Bären". In dieser Zeit ist eine kongeniale Partnerschaft gewachsen – mit gegenseitigem Vertrauen und Respekt. Vom einfachen Landgasthaus zum international angesehenen Gourmetrestaurant. Die Raiffeisenbank Oberes Lavanttal unterstützte die Familie Trippolt stets in ihren unternehmerischen sowie auch in ihren privaten Vorhaben. Ehrlichkeit und Verlass stehen für beide Partner an oberster Stelle. Das ist gut so. Das macht ein bärenstarkes Team aus.

Raiffeisenbank Oberes Lavanttal

UNSER DANK GEHT AN

Ernst Peter Prokop, für seine kraftvollen und ästhetischen Bilder,

Sabine Lienhart, für ihr außergewöhnliches Gespür für Grafik und Design,

Heinz Grötschnig, der unsere Familie seit Jahrzehnten als Freund, Kritiker und Journalist begleitet,

die Stadtgemeinde Bad St. Leonhard sowie unseren Sponsoren und Partnern in der Wirtschaft, die uns tatkräftig unterstützt haben,

unsere Stammgäste, die uns über Jahrzehnte die Treue gehalten haben und mit uns gewachsen sind,

den Carinthia Verlag und Nicole Richter, die uns freie Hand bei der Umsetzung des Kochbuches ließ und

unseren Lehrling Martin Hudelist, der sich ebenso motiviert in das Buchprojekt stürzte wie wir selbst.

Ein ganz besonders herzliches Dankeschön gilt unseren Familien, die während der Produktion stets im Hintergrund mit unzähligen zusätzlichen Arbeiten beschäftigt waren. Sie haben uns die Möglichkeit, Zeit und Motivation gegeben, um dieses Kochbuch vollenden zu können.

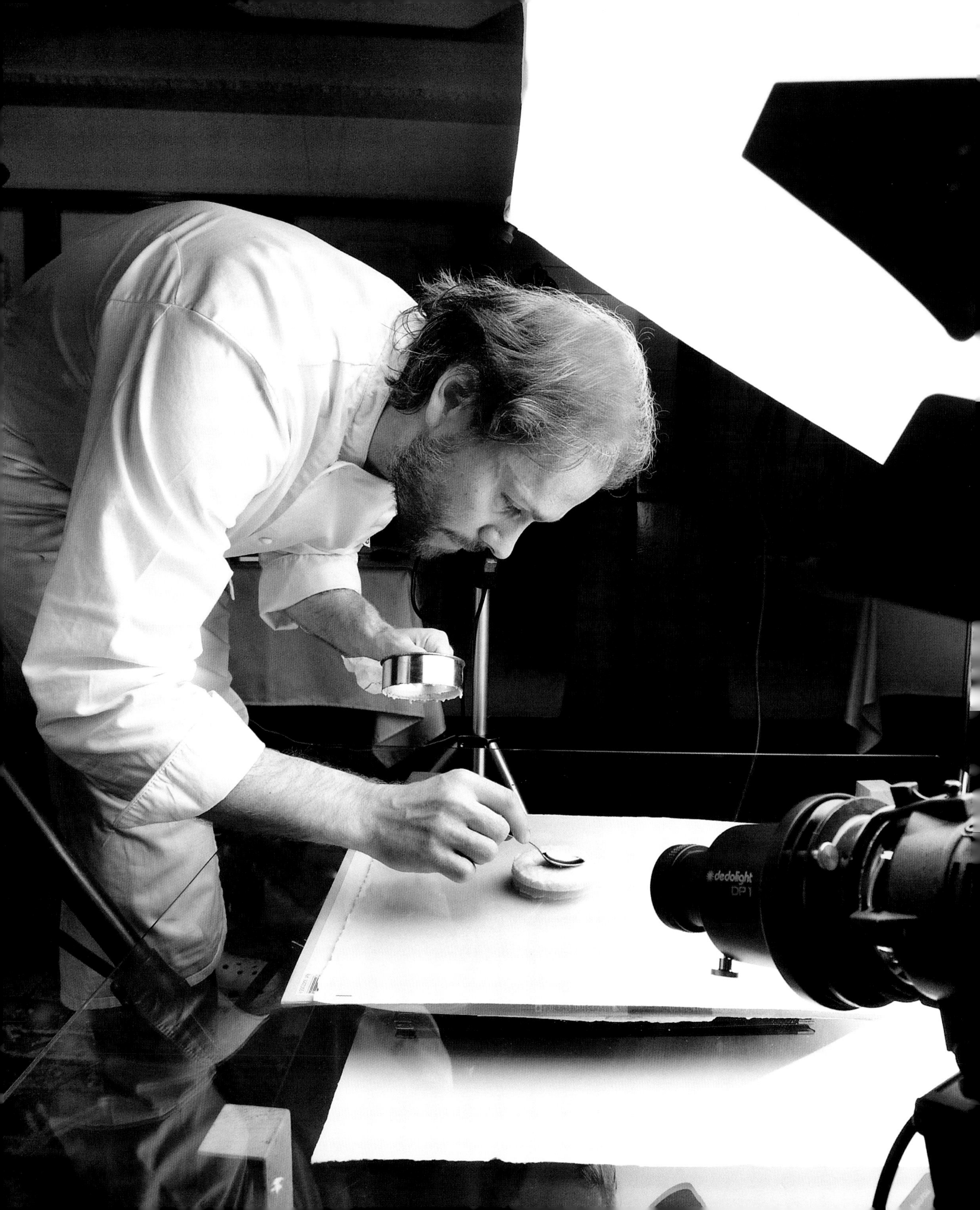
dedolight
DP1

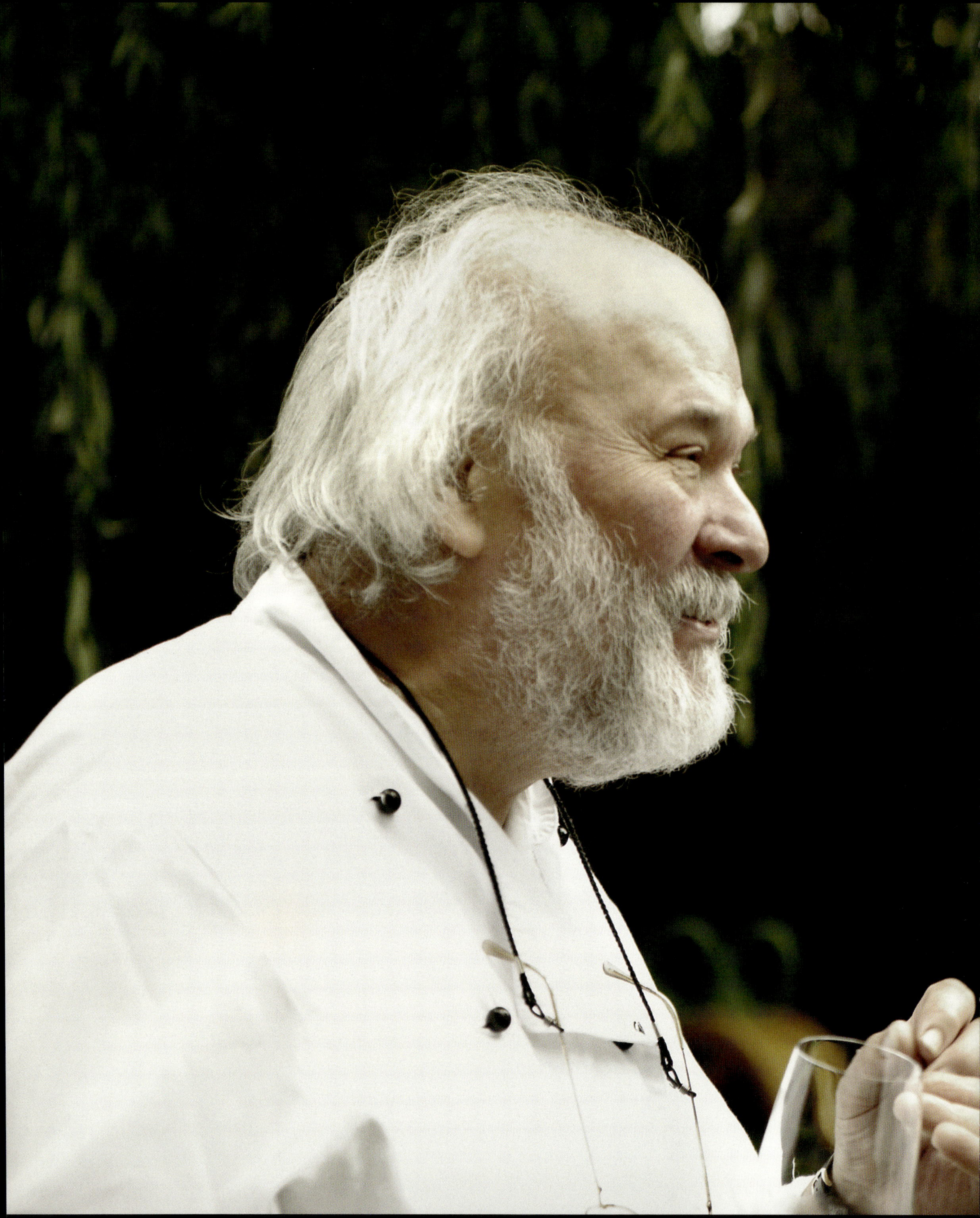

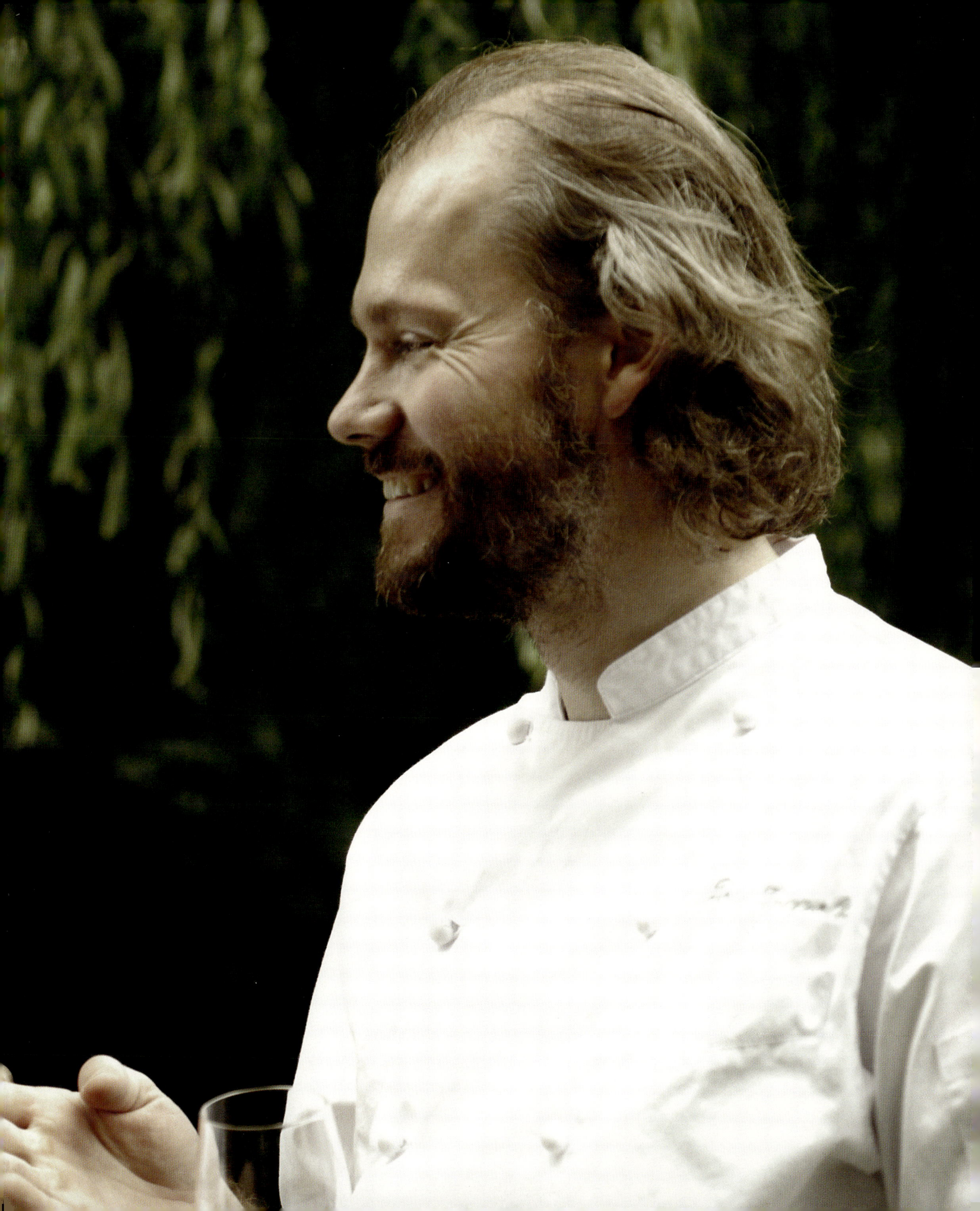

Der österreichische Dichter Egyd Gstättner lebt in Klagenfurt. Er könnte auch woanders leben, aber er will es so. Und weil er diese Stadt so liebt und an ihr so leidet und sie so gut kennt, schreibt er über sie. Er nimmt den Fremden wie den Einwohner an der Hand und führt ihn durch sein Klagenfurt voller Anekdoten, Erinnerungen, Besonderheiten und Alltäglichkeiten.

Egyd Gstättner
KLAGENFURT
Literarisches Portrait einer Stadt

200 Seiten, 14,5 x 20 cm
Flexocover

€ 21,95 · ISBN: 978-3-85378-657-4

styria regional
CARINTHIA

Warum wandert jemand nach Venedig aus? Eine kleine Stadt, die vergleichsweise wenige Möglichkeiten bietet, den Lebensunterhalt zu verdienen. Überdies ist es im Sommer heiß und schwül, dann kommt Aqua alta, dann der Nebel. Und dazwischen leidet die Stadt unter einem Overkill an Touristen. Dennoch gibt es Menschen, die genau das tun, die den Zauber der vielleicht schönsten Stadt der Welt mit der Bodenhaftung des Alltags kombinieren und den Traum vom Leben in Venedig in die Wirklichkeit umgesetzt haben.

Barbara Sternthal
WIE MAN VENEZIANER WIRD
Der Traum vom Leben in der Serenissima
Mit Fotos von Harald Eisenberger

160 Seiten, 21 x 28 cm
Hardcover mit SU, durchgehend Farbe

€ 24,95 · ISBN: 978-3-85378-671-0

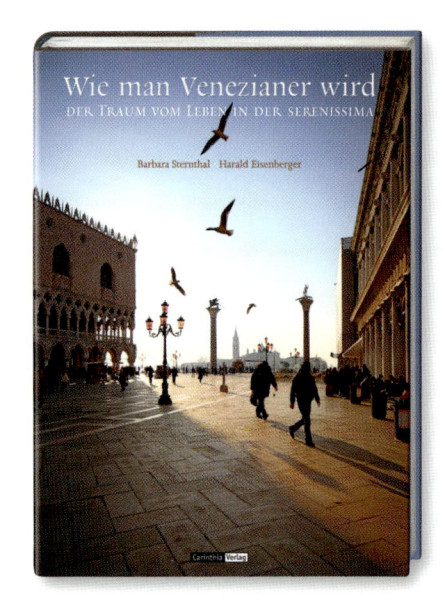

styria regional
CARINTHIA

Die besten Produkte aus dem Alpen-Adria-Raum: ehrliche Weine, feinste Fische, besondere Öle - gut wenn man weiß, wo es diese Dinge gibt. Der kulinarische Querdenker Herwig Ertl macht aus den Geheimtipps Wissen für jedermann, erklärt die Bezugsquellen und erzählt von den Menschen, die diese Herrlichkeiten mit Leidenschaft erzeugen.

Werner Ringhofer
EINFACH GENUSS!
Herwig Ertl: Ansichten eines kulinarischen Querdenkers

192 Seiten, 19 x 24,5 cm
Hardcover mit SU, durchgehend Farbe

€ 24,95 · ISBN: 978-3-85378-659-8

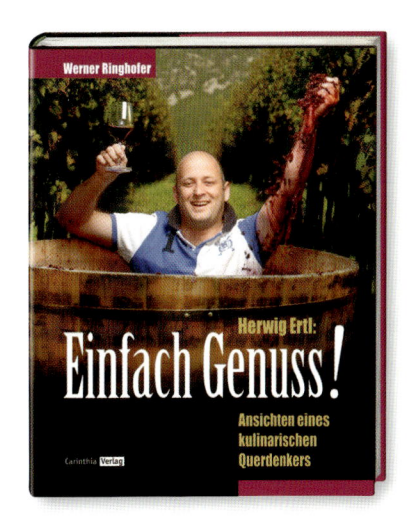

styria regional
CARINTHIA

Neun Weinbauregionen kennzeichnen die italienische Region Friaul. Zwölf typische, so genannte autochthone Sorten sind es, die als Erbe regionaler Weinbaukultur besonders gepflegt werden – und zum Teil vor 2000 Jahren von den Römern nach Friaul gebracht wurden. Dem Genussland entspringen neben Wein aber auch noch so Köstlichkeiten wie Olivenöle und Grappe, gar nicht zu reden von den lukullischen Versuchungen in den diversen Trattorien und Restaurants des Landes.

Evelyn Ruppert · Hans Tschemernjak · Hannes Tschemernjak
WEIN IN FRIAUL
Vom Collio bis zur Adria: Winzer, Wege, Wissenswertes

232 Seiten, 21 x 21 cm
durchg. farbig, Hardcover

€ 26,00 · ISBN: 978-3-85378-635-2

styria regional
CARINTHIA